사람을 위한 회계

사람을 위한 회계

초판 1쇄 발행 2013년 8월 31일

지은이 주태순
펴낸이 권경옥
펴낸곳 해피북미디어
등록 2009년 9월 25일 제2009-000007호
주소 부산광역시 동래구 온천2동 399-12
전화 051-555-9684 | 팩스 051-507-7543
전자우편 bookskko@gmail.com

ISBN 978-89-963292-9-9 03320

사람을 위한 회계

주태순 지음

해피북미디어

회계가 자본주의의 꽃이라는 의견에 나는 동의하지 않는다. 인간이 무한한 자원을 사용한다면 그 사회가 원시시대이건, 공산사회이건, 자본주의사회이건 회계는 필요하지 않다. 그러나 우리가 사용하는 자원은 그것이 무엇이든 무한한 요소보다 유한한, 혹은 제한된 것들이 월등히 많다. 언젠가는 바닥을 보이는 자원을 사용하고 있다면 이왕이면 자원을 좀 더 효율적으로 사용하는 것이 합리적이지 않겠는가?

학문적으로 표현할 때 합리적 또는 경제적 의사결정을 위한 정보 창출이 회계의 목적이다. 그런데 회계는 접근하기 쉽지 않다는 선입견이 큰 분야이기도 한 듯하다. 사실 분개니, 차변 혹은 대변과 같은 용어에 있어서 지레 겁을 먹게 되는 것도 사실이다. 하지만 무한하지 않은 자원을 보다 잘 활용하기 위한 인류의 고뇌에서 비롯한 이 멋진 창조물을 제대로 들여다보는 것조차 거부하는 사람들을 보며 무언가 잘못되었다는 안타까움이 컸다. 너무나 간단하고 단순하며 명쾌한 원리를 오히려 복잡하고 어렵고 까다롭게까지 여기는 그 고정관념을 한번 깨버리고 싶어서 이 책을 쓰게 되었다.

회계가 오랜 세월 경제활동의 근간으로 자리매김하는 데는 그 원리의 과학적 사고가 인정되기 때문이다. 그리고 우리 삶의 진리로서 깨달음을 주는 부분도 분명 존재한다. 알면 알수록 매력적인 이 친구를 여러분에게 꼭 소개하고 싶었다. 정말 괜찮은 친구 하나 사귀고 싶은 마음 없는가? 평생 옆에 두고 있어도 싫증나지 않는 친구, 언제나 위로가 되는 친구, 어려움에 봉착할 때 해답에 이르는 길을 제시해주는 친구, 그런 친구 하나 만들고 싶지 않은가? 여러분이 평생 사람답게, 그리고 잘 살고 싶은 마음이 있다면 이 친구를 꼭 사귀어보라고 말하고 싶다.

봄(희망)은 아래(땅)로부터 시작되고, 가을(쇠락과 부패)은 위에서부터 시작한다. 회계는 지식에서 상식으로 내려와야 희망이 있다. 지식이 아닌 상식의 수준에서 다루어질 때 회계는 진정한 정보로 해석되고 의사결정의 도구로 사용될 수 있다고 단언한다. 특정한 사람들만이 사유하는 지식으로 머물러 있는 한, 회계는 부정부패의 수단에서 벗어날 수 없을 것이다. 회계정보가 유용한 의사결정의 도구가 되기 위해서는 모든 이들이 회계정보를 습득하고 이해하는 데 어려움이 없어야 한다. 그러려면 회계는 지식이 아닌 상식으로 보편화되어야 한다고 믿는다.

무식이란 지식의 부재가 아닌 상식의 부재라고 생각한다. 회계정보는 지식이 아닌 상식이 되는 시대가 되길 바란다. 그래서 모든 사람들이 회계정보를 어려움 없이 해석하고 이해하는 상식의 수준으로 스며들길 간절히 바란다.

어쩌면 우리는 세상을 살면서 눈에 보이는 것만 확인한 채 방향을 잡고자 애쓰는지도 모르겠다. 그러나 현실의 숲에서 길을 헤매지 않으려면 전체 그림 속에서 나아가야 할 방향을 가늠해야 하지 않겠는가?

눈에 보이지 않는, 기호화되고 압축된 지도를 머릿속에 그릴 수 있는 사람, 이러한 사람은 비록 세상이 거칠어도 자신을 믿고 나아가기가 훨씬 편안할 것 같다. 우리가 처해 있는 불확실한 상황이나 선택해야 할 다양한 경제적 문제 앞에서 눈에 보이지 않는 여러 의사결정의 중요한 단서들을 쉽게 파악할 수 있다면 좀 더 편안하게 해결책을 모색할 수 있지 않을까?

비록 눈으로 보고 손으로 만질 수는 없지만 경제적 의사결정과 관련된 여러 정보들, 특히 회계정보를 이해하고 지도화해서 머릿속에 그릴 수 있다면 힘든 세상을 살아가기가 훨씬 쉬울 것이다.

나의 졸저가 독자들과 만나 회계에 대한 첫인상을 새롭게 할 수 있다면 얼마나 좋겠는가! 그럴 수만 있다면 나는 그리움을 간직한 채 외롭고 긴 기다림을 견뎌낼 수 있을 것 같다.

해마다 봄이 오지만 봄은 늘 새롭게 보인다. 어쩌면 봄은 '보다'의 명사형 '봄'에서 비롯되지 않았을까? 나에게 봄은 시각의 계절이다. 눈을 돌려 살펴보면 모든 것이 새롭고 반갑고 때론 경이롭기까지 하다. 내 삶에도 봄이 있었을 것이다. 그러나 그때는 계절의 봄을 살필 줄 몰랐다. 겨울이 지나 봄이 오는 건 당연한 자연의 이치라고만 여겼을 뿐이다. 그 봄을 제대로 누리지도, 느끼지도, 눈여겨보지도 않았다.

그러나 이제는 매년 오는 봄이 너무도 사랑스럽고 고맙기까지 하다. 자연의 이치가 진리로 와 닿는다. 진리는 시간과 공간을 관통하여 성립되는 것이다. 그 시대 그 공간에서만 성립되는 것은 진리가 아니다. 이처럼 회계의 원리에는 진리가 담겨 있다.

내가 봄일 땐 봄을 몰랐지요.
이제 나의 봄을 보내고 나니
봄이 보입니다.

2013년 어느 여름날
주태순

차례

1492년 콜럼버스 대 1494년 루카 파치올리

- 회계의 역사

조선의 역사는 태조 이성계와 정도전, 조준 등의 정치세력이 고려에
반하여 새롭게 건설한 1392년에 시작되었다. 그 후 200년이 지난 1592
년은 조선 역사에 있어 커다란 사건이 발생한 해로 기억된다. 건국 200
주년 기념이 되는 그해 조선은 어처구니없게도 축포가 아닌 전 국토에
불바다를 목도하는 지경에 이른다. 바로 임진왜란이 일어난 것이다.

한반도에 이러한 변화의 소용돌이가 일어나던 이 200년 동안 세계
역사 또한 큰 사건을 겪게 된다. 1392년과 1592년의 정확히 중간에
위치한 1492년, 크리스토퍼 콜럼버스(Christopher Columbus)는 아메리
카 신대륙을 발견한다.

물론 콜럼버스가 신대륙을 발견하기 위해 대서양으로 항해를 시작
했던 것은 아니었다. 오히려 그의 항해 목적은 구대륙인 아시아(특히
인도)로 가는 또 다른 항로를 개발하는 것이었고 궁극적으로는 선교
와 금광을 발견하려는 것이었다. 그러나 결과적으로 콜럼버스는 신대
륙의 발견자로 더 유명하다.

그러면 콜럼버스가 동(東)으로 항로를 잡지 않고 대서양을 가로질러 인도로 가려고 했던 이유는 무엇이었을까? 그것은 르네상스의 또 다른 산물인 코페르니쿠스(Copernicus)의 지동설과 관련이 있다. 중세 유럽은 바티칸을 중심으로 가톨릭 교회가 세상을 지배하고 있었다. 그러나 종교적 이념이 인간의 탐욕으로 변질되면서 종교적 가치보다는 종교적 가면에 의한 횡포가 극에 달해 돈으로 면죄부를 거래하는 이른바 타락한 시대였다. 그 시기에 새로운 지성과 과학자들은 종교적 가면에 이의를 제기하기 시작했다. 이것이 바로 르네상스 시대의 인문주의이다. 코페르니쿠스는 지구가 교회의 주장과 달리 네모나지도 않고 태양과 별이 지구를 중심으로 움직이고 있지도 않음을 과학적으로 증명해내기 시작하였다. 지구가 둥글다면 서쪽으로 항로를 잡아도 언젠가는 인도에 도착할 수 있다는 믿음으로 새로운 항로 개척도 가능한 셈이다.

하지만 콜럼버스는 죽을 때까지 자신이 도착한 대륙이 인도라 믿었다. 그래서 지금도 카리브 해(Caribbean Sea)에 있는 여러 섬들을 서인도제도(西印度諸島)라 부르고 있으며, 신대륙의 토착민들을 인디언(Indian-인도사람)이라 부르게 되었다.

콜럼버스가 새로운 항로를 개척하며 모험하던 그 당시에는 동·서양의 교류에 의해 상업무역이 성행하였다. 셰익스피어 작품 『베니스의 상인』처럼 베니스는 당시 유럽 최고이자 최대의 무역항이었으며 피렌체와 더불어 중상주의와 르네상스의 중심에 있는 도시 중 하나였다. 중세 유럽의 상업무역은 벤처기업(모험기업) 형태로 추진되었다. 벤처기업은 항해를 떠나는 선장과 자본을 투자하는 자본가로 구성되었으며 이러한 형태의 벤처기업은 투자에 따른 이익배분을 위해 회계장부를 사용하였다.

벤처기업에 투자하는 자본가는 중세 부호인 영주와 교회가 대부분이었다. 그들은 금광의 발견과 선교를 목적으로 투자하였지만, 투자 실패에 대한 위험부담을 완화하기 위한 안전장치도 마련하였다. 이것이 바로 회계장부의 작성이다. 자본을 투자할 때는 반드시 담보물을 설정하였다. 그것을 계약서에 명시하는 한편 동시에 장부에도 기록하여 투자가치를 이중으로 기록하였다.

회계장부의 기록시스템은 오랜 역사를 가지고 있었을 것으로 추측된다. 그러나 문헌에 등장하는 최초의 기록은 1494년 이탈리아 수도사인 루카 파치올리(Luca Pacioli)가 저술한 『대수, 기하, 비 및 비례총람(Summa de Arithmetica, Geometira, Proporcioni e Proporcionalità)』(줄여서 『총람(summa)』이라 일컬음)에서 체계적으로 기술된 것을 그 효시로 삼고 있다. 파치올리는 저서 『총람』을 통해 베니스에서 사용하고 있는 회계시스템이 장점이 많기 때문에 소개한다고 서술하고 있으므로, 그가 복식부기 시스템을 창시한 것은 아니었지만 베니스 상인들을 통해 면면히 이어져 내려오던 복식부기를 체계화시켰고, 그가 설명하고 있는 복식부기의 구조는 500여 년이 지난 오늘날까지도 거의 그대로 적용되고 있다.(이석준, 『인센티브로 풀어보는 기업회계』, 삼성경제연구소, 2006).

이처럼 이탈리아 상인의 장부에 그 형태를 서서히 나타내기 시작한 복식부기의 그 골격이 오늘날 복식부기(double entry bookkeeping)의 특징인 이중기입(二重記入)이라는 사실은 주목할 만하다. 이중기입은 이때 새롭게 개발되었다기보다 로마의 노예가 재산관리의 잘못으로 인한 체벌을 피하기 위해 거래가 있을 때마다 반드시 주인계정과 노예(자기)계정으로 두 번씩 기록하던 관행에서 비롯되었다고도 한다. 후에 사람들이 이중기입을 바탕으로 하는 부기를 '베니스식 부기'라 일컫는 것도 베니스가 복식부기의 생성을 선도했기 때문이다. 현재까지 잘 보존된 장부로는 13세기 피렌체 은행가의 기록이 있다. 그 중 제노바 시청 장부는 오늘날과 같은 복식부기의 모습을 상당수 담고 있다. 이로 보아 오늘날과 같은 형태의 서양부기인 복식부기는 이탈리아의 각 도시에서 상업의 발달에 따라 13~14세기경에 생겨난 것으로 추측된다.

파치올리의 『총람』이라는 책은 (1)산술과 대수 (2)계산할 때 산술과 대수 이용하기 (3)부기 (4)화폐 및 교환 (5)순수 및 응용기하학 등 총 5부로 되어 있으므로 행렬, 집합이라든가 미적분학을 다루는 현대수학과는 거리가 있다.

부기는 총 36장으로 되어 있고, '계산과 기술'이라는 제목 아래 "자산 및 부채에 대해 정보를 거래인에게 지체없이 제공하기 위해"라는 문구가 덧붙여져 있다. 그리고 성공적인 상인이 되기 위해 상인에게 필요한 사항 세 가지를 제시했다. 첫째, 충분한 현금 및 신용, 둘째, 훌륭한 기장자(記帳者), 셋째, 한눈에 회계를 알아볼 수 있게 하는 회계조직, 즉 회계장부이다. 장부조직으로는 (1)비망록 (2)분개장 (3)원장의 세 가지를 기본으로 들어 현대 기업이 반드시 보유하는 주요 장부와 조금도 다를 바 없다. 더불어 그는 복식부기의 기본 원리를 상세히 설명하고 있다.(정헌석, 『재미있는 회계여행』, 김영사, 2006)

독일의 대문호 괴테가 한때 바이마르 공화국의 재상으로 그 지역의 재정과 관방회계에 관여한 적이 있어 회계업무에 일가견이 있었다는 사실을 아는가? 괴테는 회계, 복식부기를 그 어떤 칭찬으로도 부족한 표현으로 설명하였다. 그는 복식부기가 인간의 창조물 가운데 가장 위대하고 아름다운 작품이라고 묘사하였다. 중세 종교가 세상의 지배원리였던 시대에, 오직 신(神)만이 창조의 주역이라 믿었던 그 시대에 피조물인 인간이 창조의 주역으로 당당히 능력을 발휘한 것 중 가장 위대하고 아름다운 것, 그것이 바로 복식부기라고 괴테는 주장한 것이다. 모 공중파의 서바이벌 프로그램 〈위대한 탄생〉에 나온 멘토 중 뮤지션 김태원이 자주 내뱉었던 단어가 '아름다움'이라는 말이다. 위대한 것은 아름다움을 담보로 하는 것일까?

어쩌면 복식부기의 역사는 겨울 사랑[1]처럼 이루어졌는지도 모르겠다. 희소한 자원을 사용해야만 하는 인간들에게 힘들지만 따스한 겨울을 지낼 수 있게 하기 위해 그렇게 천년을 이어오며 변하지 않고 우리를 지켜주기 위해 만들어졌는지도 모르겠다.

회계의 역사가 시작되던 그해 겨울도 하얀 눈이 소복소복 쌓였으리라…….

---

1) 문정희 시인의 「겨울 사랑」이란 시를 읽어보기 바란다.

이름은 함부로 짓지 않는다

사람은 누구나 이름이 있다. 사람뿐만 아니라 사물에도 이름을 붙일 수 있다. 하지만 나의 이름은 내 스스로 부르는 횟수보다 타인에 의해 불리는 횟수가 훨씬 더 많다. 이름은 불리는 것이다. 그래서 이름은 함부로 짓지 않는다.

누군가 나에게 '태순아', '태순아' 하고 부를 때마다 '태'와 '순'의 기운이 내 주위를 맴돌게 된다. 만약 두 글자의 기운이 좋다면 내 의지와 상관없이 타인에 의해 내 이름이 불리는 순간에도 나에게 좋은 기운이 와 닿는 것이다. 어쩌면 세상의 모든 부모는 자신들이 없는 순간에도 자식들이 보호받을 수 있도록 목숨 걸고 좋은 이름을 짓고자 했는지도 모르겠다. 언젠가는 자식들이 부모를 여의고 홀로 살아갈 날이 올 것이기 때문에……. 그리고 자식보다 부모가 먼저 돌아가길 바라는 마음도 함께 담겨 있을 것이다.

김춘수 시인의 「꽃」에도 잘 나타나 있지 않은가? 누군가 내 이름을 불러주기 전까지는 나는 아무런 의미도 갖지 못했다고. 이름이 불리고 나서야 존재가 확인되지 않느냐고. 이처럼 이름은 내용 혹은 실체를 가장 압축해서 부를 수 있도록 하는 것이다. 학문에도 이름이 있고 학문의 본질을 설명하는 작은 명제들도 모두 그 실체를 정의할 수 있는 내용이 있다.

이름은 그런 것이다. 이름이 있는 것과 그렇지 않은 것은 존재의 이유가 있느냐와 그렇지 않느냐를 가르는 것처럼 엄청난 것이다. 아무 것에나 이름을 부여하지는 않는다. 내가 이름을 부여한 것은 나에게 의미가, 존재의 이유가 설명되는 것들이다.

공부를 잘하려면 책의 내용을 함축하는 명제들을 정확히 인식하면 된다. 예를 들어 테오도르 아도르노(Theodor Adorno)의 『부정변증법』에 등장하는 동일시의 원칙을 살펴보자.

아도르노, 들뢰즈, 강신주라는 세 남자가 공원 벤치에 모여 수다를 떨고 있다고 해보자. 짐을 부리던 아주머니 한 분이 "저, 여기 남자 한 분만 와서 도와주세요"라고 요청한다. 이 상황에서 아도르노가 가도 되고, 들뢰즈가 가도 되고, 물론 강신주가 가도 된다. 이럴 때 아도르노, 들뢰즈, 그리고 강신주는 서로 "교환" 가능한 존재로 간주된다. 물론 이것은 남자라는 개념에 세 사람이 모두 속해 있기 때문이다.(강신주, 『철학적 시 읽기의 즐거움』, 동녘, 2010)

이제 동일성, 동일시는 어떤 내용으로 전달되는가? 구체적으로 무엇인지는 모르지만 추상적으로 한 가지 개념에 있어서 무차별한, 동일한 속성을 가진 것으로 느껴지는가? '동일성'이라는 이름에서 그러한 내용을 인지할 수 있는가? 만약 동일하다는 개념을 내포하지 않는다면 우리는 '동일성'이라는 이름을 부여할 수 없을 것이다. 이름은 그런 것이다.

회계를 공부하면서도 이름에 주목할 필요가 있다. 회계는 결국 경제실체 간의 거래, 즉 경제적 사건을 기록하여 정보를 보관하는 것이다. 그럴 때 기록은 해당 경제적 사건을 함축하는 이름으로 남기게 된다.

회계의 계정과목도 마찬가지다. 계정과목에 이름이 있다는 것은 해당 경제적 사건의 존재가치를 부여하는 행위와 같다. 따라서 거래의 본질에 맞는 이름이 부여된다. 아무 이름이나 붙이는 것이 아니다. 그렇다고 이름 없이 기록될 수도 없다.

회계에서 거론되는 이름은 (1) 기록의 요약정보를 담는 보고서와 그 내용-재무제표와 자산, 부채, 자본, 그리고 수익, 비용 (2) 기록하는 자리의 이름-차변, 대변 (3) 기록의 대상이 되는 계정과목 등이 있다. 회계정보를 담는 보고서는 재무상태표나 포괄손익계산서 외에도 현금흐름표, 이익잉여금처분계산서, 제조원가명세서 등 여러 가지가 있으나 보통 기본적인 보고서는 재무상태표[2]와 포괄손익계산서를 말한다.

회계에서 거론되는 이름풀이도 대단히 명료하다. 내용(본질)을 장황하게 표현하지 않고 가장 간단히 압축해서 줄여놓은 것이 이름이

---

2) 재무상태표는 대차대조표(Balance Sheet; B/S)로 더 널리 알려져 있으나, IFRS(International Financial Reporting Standards; 국제재무보고기준)에 의해 보고서의 명칭이 변경된 것이다.

기 때문이다.

재무제표(財務諸表; Financial Statements-F/S)는 재무와 관련된 여러 가지 표를 의미한다. 기업의 재무정보를 담고 있는 보고서가 바로 재무제표인 것이다. 영어로 표현된 Financial Statements(F/S)에서 Statements에 주목하기 바란다. statement는 보고서라는 뜻으로 재무제표를 말할 때는 복수형 s가 붙어 있다. 재무와 관련된 보고서가 단수가 아닌 복수의 형태, 즉 여러 가지가 존재한다는 것을 의미한다. 한자를 보더라도 재무와 관련된 여러 가지(諸) 보고서가 표(表)의 형태로 존재하는 것이 바로 재무제표이다. 이름은 이렇게 본질만을 액세서리 없이, 치장하지 않고 나타내는 것이다.

재무와 관련된 가장 대표적인 보고서가 두 가지 있다. 그것이 바로 재무상태표(Statement of financial position)와 포괄손익계산서(Income Statement; I/S)이다. 재무상태표는 과거[3]에는 대차대조표(Balance Sheet; B/S)로 불리던 보고서이다. 재무상태표는 기업의 특정일 현재 재무의 상태를 알려주는 표로서, 대변과 차변을 대조하여 나타낸 보고서를 말한다. 포괄손익계산서는 손실과 이익의 크기를 계산하여 나타낸 보고서이다.

먼저 재무상태표부터 살펴보자. 재무상태를 대변과 차변을 대조하

---

3) 회계기준은 국제적으로 GAAP(Generally Accepted Accounting Principle-일반적으로 인정된 회계원칙)시대와 IFRS(International Financial Reporting Standards)시대로 구분할 수 있다. GAAP는 1930년대부터 2010년까지로 미국의 회계기준 중심 시대로 규정할 수 있으며, IFRS시대는 유럽중심의 회계기준으로 2011년부터 시작되었다. GAAP시대의 대차대조표가 IFRS시대에는 재무상태표로 그 이름이 바뀐 셈이다.

여 나타낸 것이 바로 재무상태표(구, 대차대조표)라고 한다. 그렇다면 대변과 차변은 무엇인가? 대변과 차변은 회계에서 거론되는 두 번째 이름 분류에 속하는 기록하는 자리를 나타낸 것이다. 회계는 기록하는 장치로 단식부기(single entry bookkeeping)와 복식부기(double entry bookkeeping)가 있으나 일반적으로 회계라 함은 복식부기를 일컫는다. 복식부기(複式簿記)란 하나의 회계사건을 장부에 기록할 때 두 번 기록함을 뜻한다. 회계사건의 원인과 결과를 동시에 기록하려다 보니 두 번 기록할 수밖에 없다. 이때 기록하는 자리를 구분하여 오른쪽에 한 번, 왼쪽에 한 번 이렇게 두 번 기록하는 장치가 복식부기이다. 모든 회계사건은 오른쪽과 왼쪽으로 나누어 기록하도록 한다. 이때 오른쪽을 일컫는 이름이 대변이고 왼쪽을 일컫는 이름이 차변이다. 회계기록상 자리 이름은 어떤 보고서나 거래기록에서도 고정이다. 즉 언제나 왼쪽은 차변이고 오른쪽은 대변이다.

그런데 차변과 대변으로 불리게 된 사연을 보면 그 이름 역시 함부로 짓지 않았음을 알 수 있다. 차변과 대변을 구분하는 요령으로 '임'을 넣어 읽어보면 쉽다. '임차'와 '임대'는 쉽게 이해가 되는가? 임차는 빌리는 것을 말하는 반면, 임대는 빌려주는 것을 말한다. '임차료'는 빌리는 사람이 빌려준 사람에게 지불하는 것으로 비용이다. 반면, '임대료'는 빌려준 사람이 빌린 사람으로부터 받는 것으로 수익에 해당된다.

차변과 대변은 로마의 노예가 재산관리의 잘못으로 인한 체벌을 피하기 위해 거래가 있을 때마다 반드시 주인계정과 노예(자기)계정으로 두 번씩 기록하던 관행에서 비롯되었다(정헌석, 『재미있는 회계여행』, 김영사, 2006)는 설도 있으나, 중상주의에 의한 무역이 활발했던 중세 시절 기업의 기록을 통해서도 확인가능하다. 중세 베니스 상인 시대의 모험기업(벤처기업)은 자본을 투자한 자본가와 항해를 떠나는 선장의 결합으로 이루어졌다. 이때 자본가는 자본을 투자한, 혹은 빌려준 대상자와 금액을 기록하여 보관할 필요성이 있었다. 그래서 빌려간 사람 이름과 금액을 왼쪽에, 빌려준 사람의 이름과 금액을 오른쪽에 기록한 데서 유래되었다고도 한다. 그래서 왼쪽을 차변(debtor, debit recorder; Dr)이라 부르고, 오른쪽은 대변(creditor, credit recorder; Cr)이라 부른다. 그러나 오늘날 회계시스템에서 부르는 차변과 대변은 단순히 왼쪽과 오른쪽을 뜻하는 자리 이름, 그 이상도 그 이하도 아니다. 단지 어원을 알면 좀 더 쉽게 이해할 수 있을 것이란 믿음 때문에 기술해보았다.

이제는 회계기록의 요약정보가 담겨 있는 보고서의 구성요소에 대해 살펴보자. 재무상태표는 자산, 부채, 자본의 세 가지로 구성되어 있으며, 포괄손익계산서는 수익과 비용으로 구성되어 있다. 이렇게 기본적인 두 보고서의 구성요소인 자산, 부채, 자본, 수익, 비용, 이 다섯 가지를 재무제표 구성요소라고 한다.

포괄손익계산서는 손실 또는 이익을 보고하는 것을 목적으로 하는 재무제표이다. 그런데 손실 혹은 이익은 궁극적으로 수익과 비용에 의한 결과물에 해당한다. 따라서 손실은 엄밀히 분석하면 음(-)의 이익이 되고, 양(+)의 이익이 곧 순이익이 된다. 수익에서 비용을 차감한 결과가 양(+)이면 즉, 수익 - 비용 〉 0이면 해당 금액만큼이 이익이 되는 것이고, 수익에서 비용을 차감한 결과가 음(-)이 되면(수익 - 비용 〈 0), 그 금액만큼이 손실로 기록되는 것이다. 따라서 포괄손익계산서를 구성하는 요소는 수익과 비용 두 항목만 있으면 된다. 두 항목의 계산 결과가 바로 양(+)의 이익 혹은 음(-)의 이익이 되는 것뿐이다.

나의 울음이 돌에까지 스미면 금이 되듯이[4] 경제적 사건에 대한 계정과목을 정하고 그 거래를 기록하게 되면 우리는 새로운 정보를 획득할 수 있게 된다.

이름은 결코 가볍지 않다. 아니, 이름은 참으로 무거운 존재이다. 가끔은 내가 나의 이름에 합당한 삶을 살고 있는지 스스로에게 물어봐야겠다.

---

4) 김춘수의 「꽃을 위한 서시」에서 일부 인용 - "나의 울음은 차츰 아닌 밤 돌개바람이 되어/탑을 흔들다가/돌에까지 스미면 금이 되리라."

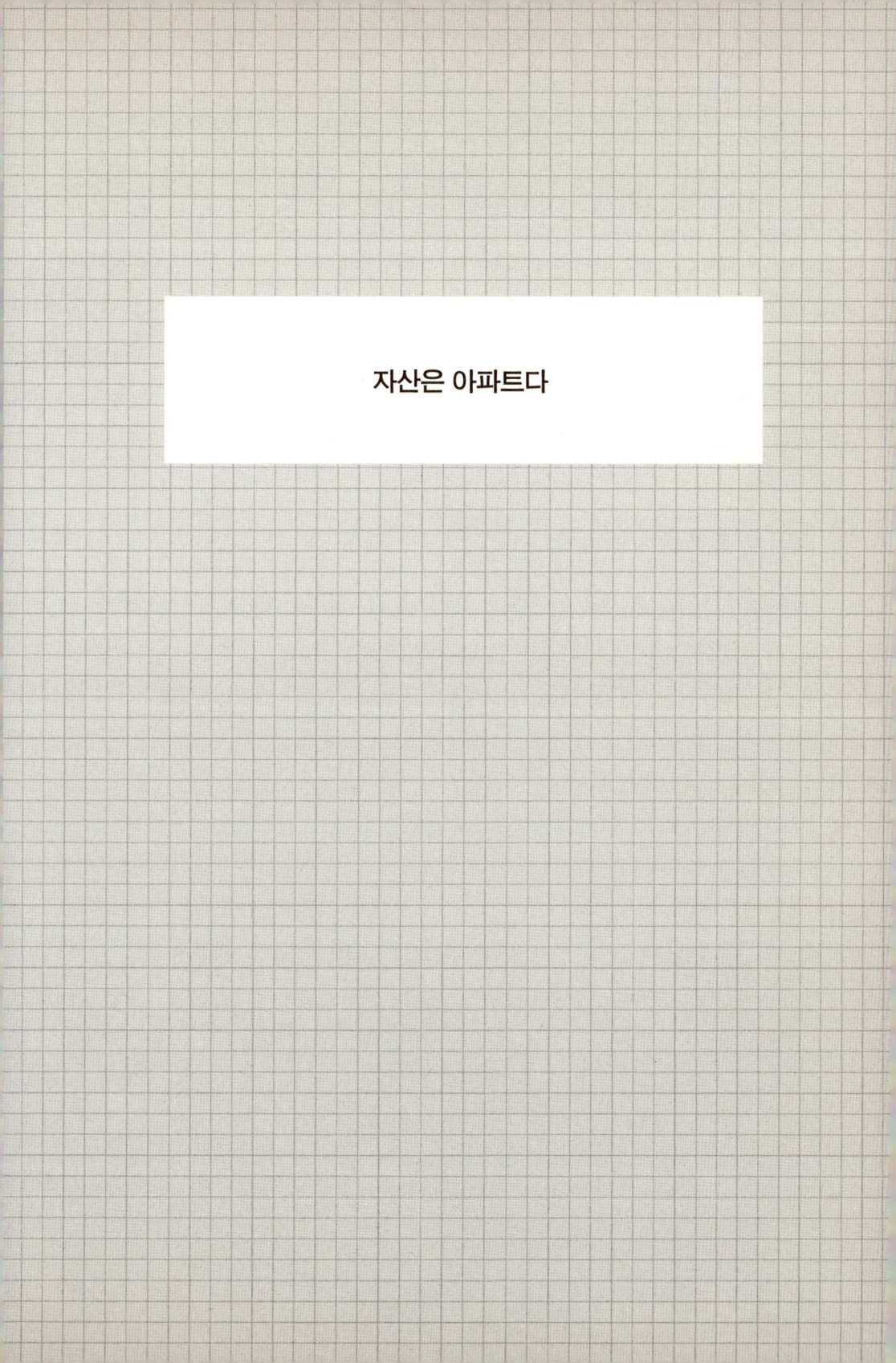

자산은 아파트다

자산은 아파트다. 내가 살고 있는 지금의 아파트가 13평일 수도, 48평일 수도, 82평일 수도 있다. 하지만 그것은 모두 과거의 부채를 안고 현재 내가 거주하는 곳이다. 또한 현재의 자산가치가 미래의 자산가치를 담보하지도 않는다.

지금 현재 자산의 가치와 그것을 구성하는 요소 중 부채가 차지하는 비율, 만약 부채가 존재한다면 그 부채를 탕감할 방법에 대한 고민 등이 더 중요하다. 현재 보유한 자산은 그렇게 해석되어야 한다.

이제 재무제표 구성요소에 대해 알아보자.

재무상태표는 자산, 부채, 자본으로 구성되어 있다. 다시 말해, 어떤 기업의 특정일 현재 자산, 부채, 자본의 내용과 금액을 알면 그 기업의 재무상태를 파악할 수 있다. 그러면 자산, 부채, 자본은 무엇인가?

먼저 기업의 재무상태를 알려주는 재무상태표가 어떠한 형식으로 작성되는지부터 살펴보도록 하자.

재무상태표는 자산 = 부채 + 자본의 회계등식(구, 대차대조표등식)

하에 작성 및 보고된다. 그런데 이 회계등식이 정말 성립하는가?

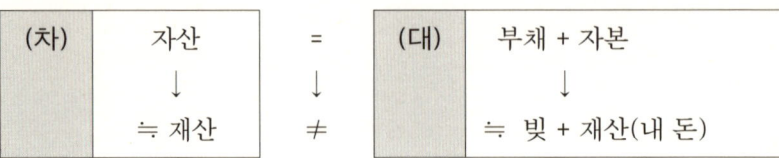

차변(왼쪽)에 기록한 자산은 왠지 재산 같고, 대변(오른쪽)에 기록한 부채는 확실히 빚이고, 자본은 역시 왠지 재산 같다면 위 등식은 절대로 성립될 수 없다(재산 ≠ 빚 + 재산). 그러면 대체 자산과 부채와 자본은 무엇을 말하는가?

자산에 대한 정의는 다양하다. 너무도 재미없는 정의부터 굳이 나열하자면 '자산은 과거 거래나 사건의 결과로서 현재 기업이 보유하고 있고 통제 가능한 미래의 경제적 효익을 창출할 것으로 기대되는 자원'[5]을 말한다. 아, 머리 아파! 아무리 읽어봐도 우리말인데 무슨 뜻인지 쉽게 와 닿지 않는다.

다음으로 좀 더 쉬운 정의는 Sprague(1880)의 것으로 '내가 가지고 있는 것에 내가 맡긴 것을 더한 가치(what I have plus what I trust)'이다. 내가 가지고 있는 것은 내가 소유하고 있는 것이고, 내가 맡긴 것은 법적으로 받을 권리가 있는 것이다. 또 다른 자산에 대한 정의는 자금의 운용상태라는 것이다.

---

5) 미국 FASB(Financial Accounting Standard Board; 재무회계기준위원회)에서 정의한 자산(Asset)의 정의이다.

그러면 대변에 기록되는 부채와 자본의 공통점은 무엇일까? 어떤 점을 동일시해서 대변에 나란히 기록되도록 했을까? 그것은 바로 자금조달 방법이라는 점이다. 부채는 자금조달의 방법을 타인자본에 의존한 경우이고, 자본은 자금조달을 자기자본에 의한 경우이다. 이제 좀 쉽게 접근해보자. 자산은 아파트다.

아파트라는 자산을 구입하기 위한 방법에는 다음의 세 가지가 있다.

(1) 3억짜리 아파트 = 은행융자 일부 + 나의 저축액 나머지
(2) 3억짜리 아파트 = 은행융자 0원 + 나의 저축액 전액
(3) 3억짜리 아파트 = 은행융자 전액 + 나의 저축액 0원

즉, 일정 자산을 소유(구매)하기 위한 자금조달방법은 모두 자기자본으로만 할 수도 있고(두 번째 경우), 모두 타인자본에 의존할 수도 있다.(세 번째 경우) 그러나 대부분의 사람들은 일정 부분은 은행융자를 이용하여 집을 장만한 후 몇 년에 걸쳐 갚아나가는(상환) 것이 현실이다.(첫 번째 경우) 이 모든 경우를 일반화한 등식이 바로 '자산 = 부채 + 자본'이다. 3억짜리 아파트를 구입하기 위해 1억 2천만 원을 대출받고 7년간 맞벌이 부부가 적금으로 모은 1억 8천만 원을 투자한 경우, 3억 원 아파트(자산) = 1억 2천만 원(부채) + 1억 8천만 원(자본)이 되는 것이다. 물론 등기는 부부의 명의로 했기 때문에 3억짜리 아파트는 누가 뭐라고 해도 그 부부의 것이다.

하지만 이들에게는 1억 2천만 원을 상환해야 할 의무가 여전히 있다. 돈을 모아서 갚지 못하면 결국 아파트를 팔아서라도 갚아야 한다. 3억 아파트가 내 소유이긴 하지만 철학적으로는 안방과 작은방, 그리고 거실까지만 부부의 것이고 현관과 주방은 어쩌면 은행의 것인지도 모른다. 그러나 중요한 것은 이 아파트가 법적으로는 부부의 소유라는 점이다. 진짜 부부의 것이다. 부채는 언제든 어떤 방법으로든 갚기만 하면 된다.

놀랍지 않은가? 자산은 자본만으로 구성되어 있지 않다는 사실! 타인자본(부채)의 활용도에 따라 자산은 얼마든지 불릴 수 있다. 그래서 재무상태가 궁금할 때는 자산과 부채, 자본의 크기와 비율을 따져볼 필요가 있다.

경영분석을 할 때 기업의 규모를 확인하고자 할 경우, 우리는 총자산의 크기나 매출액을 사용한다. 총자산이 크면 클수록 기업의 규모가 크다고 할 수 있다. 그러나 재무적 건전성이 기업의 규모와 언제나 일치하지는 않는다. 부채조달에 의한 총자산 키우기는 오히려 기업의 부실을 초래할 가능성이 크다. [자산 = 부채 + 자본] 등식을 자세히 관찰해보라. 자산은 부채를 많이 조달해도 늘어난다. 그렇다면 기업의 규모가 커졌다고 무조건 우량하다거나 건전한 기업이라고 장담할 수는 없다는 점을 깨닫게 될 것이다.

회계적으로 자산은 내가 가지고 있는 것 중 타인자본(부채)과 자기자본(자본)을 아우른 모든 것으로, 자산에는 권리도 포함이 된다. Sprague(1880)의 자산에 대한 정의를 다시 음미해보자. '자산이란 내가 가지고 있는 것에 내가 맡긴 것을 더한 가치(what I have plus what I trust)'이다.

$$자산 = 부채 + 자본$$

아파트(자산)는 내 돈(자본)만으로 장만하기는 힘들다.
은행융자(부채)가 필요하다.

마지막으로 살펴볼 이름이 계정과목이다. 당연히 계정과목 이름을 지을 때도 함부로 짓지 않는다. 그 이름으로 해당 경제적 사건을 떠올릴 수 있어야 하기 때문이다. 이름을 주목하면 거래는 충분히 유추된다.

예를 들어 현금 5,000원을 주고 모기약(살충제)을 구입했다면, 현금은 지출된 것이고 반대급부로 모기약을 소유하게 된 셈이므로 현금이 줄어들고 모기약이 늘어난 것으로 해석하여 다음과 같이 기록할 수 있다.

(차)	약품(모기약)	5,000	(대)	현금	5,000

이때 현금과 약품은 모두 자산의 속성을 가지고 있으므로 자산의 감소(현금지출)는 대변에, 자산의 증가(모기약 유입)는 차변에 해당 금액만큼 기록하면 된다. 그러면 반대로 다음의 기록을 근거로 경제적 사건의 전말을 추론해보자.

(차)	현금	5,000,000	(대)	차입금 5,000,000

위의 거래는 현금이 유입되고 차입금이 생겨났음을 의미한다. 이는 은행에서 돈 5백만 원을 빌려온 것을 뜻한다. 즉, 은행에서 돈을 빌렸기 때문에 현금 5백만 원을 가지고 온 셈이므로 현금이라는 자산은 증가했다. 그래서 차변에 현금 5백만 원을 기록한 것이고, 반면 현금 5백만 원을 가지고 올 수 있었던 이유는 은행에서 돈을 빌렸기 때문이므로, 은행에 갚아야 할 돈 5백만 원이 생긴 꼴이 된다. 즉, 부채가 5백만 원 증가한 것이므로 대변에 차입금 5백만 원을 기록하면 된다. 부채는 자산과는 반대로 부채가 증가할 경우 대변에 기록하고, 부채가 감소하면(부채를 갚으면) 차변에 기록한다.[6]

다음으로 포괄손익계산서(Income Statement; I/S)를 살펴보자. 포괄손익계산서는 글자 그대로 손실과 이익을 계산한 보고서이다. 그런데 손실(loss)이란 이익의 크기가 음(-)인 상황이다. 수직선상에서 표시하자면, 이익이란 변수의 크기가 영(0)보다 작은 수가 손실이 된다. 반대로 이익이란 변수의 크기가 영(0)보다 클 경우 우리는 이를 이익(profit)이라 부른다.[7] 따라서 이익(income)이란 영(0)보다 큰 양(+)의 이익과 영(0)보다 작은 음(-)의 이익으로 나눌 수 있다. 어쨌든 모두

---

6) 이처럼 경제적 사건인 거래를 차변과 대변으로 나누어 기록하는 것을 '분개(分介, journalizing)한다'고 말한다.

7) 한때 포괄손익계산서는 Profit and Loss Statement(P/L)로 표시하기도 하였다.

이익(income)으로 표시 가능하다. 그런 의미에서 포괄손익계산서는 이익(income) 보고서이기도 하다.

　그러면 이익이란 어떻게 산출되는가? 이익이란 영업활동을 통해 창출된 수익과 영업활동을 위해 소비된 자원의 가치인 비용의 결과물이다. 따라서 수익이 비용보다 큰 경우 양(+)의 이익이 발생하고, 반대로 비용이 수익보다 클 경우 음(-)의 이익이 나타날 수밖에 없다. 그러므로 순수하게 포괄손익계산서를 구성하는 요소는 수익과 비용이된다. 즉, 이익은 포괄손익계산서의 최종산출물로서 포괄손익계산서의 구성요소인 수익과 비용 간의 셈을 하고 난 결과물이다. 이는 영(0)보다 클 수도 있고 영(0)보다 작을 수도 있다.

비용 〈 수익 ; 양(+)의 이익
비용 〉 수익 ; 음(-)의 이익

　비용은 포괄손익계산서의 왼쪽인 차변이 제자리가 되며, 수익은 포괄손익계산서의 오른쪽인 대변이 자기 자리가 된다.

　기본적으로 계정과목명과 해당 계정과목의 속성을 감지하면 모든 회계상 거래는 기록이 가능하다. 즉 자산, 부채, 자본 그리고 수익, 비용 등의 속성에 해당하는 계정과목을 어떤 경우에 차변에 기록하고 또 어떤 경우에 대변에 기록하게 되는지만 이해하면 이제 모든 거래를 기록할 수 있다.

　실제 사용되는 계정과목명을 설명하기 앞서 재무상태표와 포괄손

⟨표 1⟩ 재무상태표의 양식

재무상태표

회사명   20××년 ×월 ×일 현재   (단위: 원)

구분	분류	계정과목명	구분	분류	계정과목명
자산			부채		
(1) 유동자산			(1) 유동부채		
	당좌자산	현금			매입채무
		당좌예금			단기차입금
		유가증권			미지급금
		매출채권			선수금
		선급비용			예수금
		대손충당금			미지급비용
		…			미지급법인세
	재고자산	상품			미지급 배당금
		제품			선수수익
		재공품			…
		원재료	(2) 비유동부채		
		…			사채
	기타유동자산	…			장기차입금
					장기성매입채무
(2) 비유동자산					장기부채성충당금
	투자자산	장기금융상품			이연법인세대
		투자유가증권			…
		…			
	유형자산	토지	부채총계		
		건물			
		차량운반구	자본		
		기계장치		자본금	
		…		자본잉여금	
	무형자산	영업권		이익잉여금	
		산업재산권		지배기업 소유주지분	
		개발비		비지배지분	
		…			
	기타비유동자산	이연법인세차	자본총계		
		…			
자산총계			부채와 자본총계		

익계산서의 표현 양식을 간단히 살펴보면 다음과 같다. 이들 표현 양식에 사용되는 구체적 사건(거래)의 이름이 바로 계정과목이라고 이해하면 된다.

먼저 재무상태표 양식이 〈표 1〉에 제시되어 있다. 자산은 크게 유동자산과 비유동자산 두 가지로 분류되며, 유동자산은 다시 당좌자산과 재고자산으로 구분할 수 있다. 당좌자산에 포함되는 것이 현금, 당좌예금, 매출채권 등 실제 거래를 기록하는 기초단위인 계정과목이다. 경제적 사건이 발생했을 때, 즉 자산이 증가했는지 부채가 감소했는지에 대한 분석 이후 늘어난 자산 혹은 줄어든 부채를 어떤 구체적 이름으로 기록하는 것이 가장 진실된 보고인지를 생각하면 해당 속성(자산, 부채, 자본 등등)을 갖는 가장 기초단위인 거래의 이름(계정과목)을 찾는 것은 어렵지 않을 것이다.

포괄손익계산서도 큰 흐름에 있어서는 재무상태표와 다르지 않다. 그러나 IFRS(국제재무보고기준)의 도입 이후 약간의 변화가 생겼으나 회계를 처음 공부하는 독자들은 크게 신경쓰지 않아도 될 듯하다.[8] 수익을 영업활동에 의한 부분과 그렇지 않은 부분으로 나누어 기록하되 영업활동에 의한 수익을 매출액으로 이해하면 된다.[9] 그 외 매

---

8) 과거(GAAP 기준)에는 손익계산서를 작성할 때 순차적으로 매출총이익, 영업이익, 법인세차감전이익, 당기순이익 등으로 나타내었으나 현재 IFRS 기준은 그렇지 않다. 하지만 전체적인 보고양식의 변화를 제외하면 내용은 크게 다르진 않다.

9) 매출액으로 표현하는 것은 일반적으로 상품매매업이나 제조업을 하는 기업에서 사용하는 계정과목이다. 만약 서비스업을 하는 기업이 있다면 용역수익(영업수익)으로 표현할 수 있을 것이다. 이에 대한 내용은 이 책의 후반부에 서술되는 '운명적 만남'이란

〈표 2〉 포괄손익계산서의 양식

포괄손익계산서(기능별)

회사명   20××년 ×월 ×일부터 20××년 ×월 ×일까지   (단위: 원)

수익(매출액)	×××
매출원가	×××
매출총이익	×××
기타수익	×××
물류비	×××
일반관리비	×××
마케팅비용	×××
이자비용	×××
기타비용	×××
법인세비용차감전손익	×××
법인세비용	×××
당기순손익	×××
기타포괄손익	×××
포괄손익	×××

출원가나 일반관리비 등은 재료구입비인지, 종업원 급여인지, 통신비인지 등에 따라 구체적으로 기술할 수 있다. 따라서 계정과목은 재료비, 급여, 통신비, 소모품비 등으로 표현될 것이다.

계정과목을 이용한 기술방식은 종합예제를 통해 구체적으로 설명할 계획이다. 단지 지금은 계정과목이라는 것이 결국 경제적 사건을 기록하기 위한 기본단위라는 것만 이해하면 좋겠다. 계정과목을 이용하여 거래를 기록하는 것이 바로 분개(장부기장=부기)라고 볼 수 있

부분에 상세히 기술되어 있다.

다. 한 가지 꼭 기억해야 할 사실은 계정과목명은 거래의 진실보고라는 측면에서 고려되어야 한다는 것이다.

알면 쉽고 모르면 어렵다

이제 거래를 기록하는 자리와 계정과목 및 그 속성을 회계실무적으로 살펴보자.

경제적 사건, 즉 회계상의 거래가 발생하면 이를 장부에 기록해야 한다. 이때 거래를 기록하는 방법이 '계정기입의 원칙(rules of debit and credit)'이다. 모든 거래를 기록할 때는 하나의 사건을 차변에 한 번, 대변에 한 번 해서 두 번씩 기록해야 하며(복식부기-거래의 이중성), 이때 계정과목을 이용하여 기록하되 차변의 금액은 반드시 대변의 금액과 일치해야 한다(대차평형의 원리-principle of equilibrium).

대차평형의 원리는 차변의 금액과 대변의 금액이 항상 동일한 금액으로서 두 항목이 균형을 이루어야 한다는 것이다. 이는 다음의 세 가지 사항에 모두 적용된다.

(1) 차변요소의 금액   = 대변요소의 금액
(2) 차변요소의 합계액   = 대변요소의 합계액
(3) 차변요소의 합계잔액 = 대변요소의 합계잔액

거래를 기록하거나 장부를 정리함에 있어 차변 합계와 대변의 합계를 계산한 후 그것이 일치하는지를 확인함으로써 기록이 정확한지, 혹은 실수가 있지는 않은지를 자동적으로 검증할 수 있다. 만일 차변 금액과 대변 금액이 일치하지 않으면 기록이나 계산상에 오류가 있음을 인지해야 한다. 이것을 '복식부기의 자기검증기능(self-control function)'이라 하며 복식부기의 중요한 특징 중 하나이다.

그러면 차변을 구성하는 요소는 무엇일까? 재무보고서의 가장 중요한 두 가지는 재무상태표와 포괄손익계산서이다. 재무상태표는 자산, 부채, 자본으로만 구성된다. 그 외 다른 요소가 재무상태표에 나타나면 안 된다. 또한 재무상태표를 구성하는 자산, 부채, 자본이 회계등식을 만족시켜야 한다.

자산 = 부채 + 자본

위 회계등식은 등호(=)를 중심으로 왼쪽과 오른쪽으로 분할할 수 있다. 이때 왼쪽의 자리 이름이 차변이다. 따라서 재무상태표의 차변은 자산으로 구성된다. 그리고 등호(=)의 오른쪽 자리 이름이 대변이 되므로 부채와 자본은 재무상태표의 대변 구성요소가 되는 셈이다.

자리는 이름만큼이나 중요하다. 만약 태양계에서 지구가 세 번째가 아닌 두 번째나 다섯 번째쯤 위치해 있었다면 지금처럼 생명체가 번성할 수 있었을까? 사람도, 그리고 우리의 인생도 마찬가지이지 않을까? 내가 맏이로 태어났기 때문에, 혹은 내가 둘째라서 또는 내가 막내라서 '나'라는 사람의 성격이 형성되고 완성된 것은 아닐까? 내가 아내로 엄마로, 딸로, 며느리로 그 자리를 잘 지키고 있기 때문에 우리 가족이 행복한 것은 아닐까? 내가 학생의 자리에 있기 때문에 충실히 학업에 임할 수 있고, 가계를 책임지지 않아도 비난받지 않는 것은 아닐까? 내가 우리 조직에서 차지하는 지금의 자리에서 해야 할 임무를 충실히 할 때 미래의 나의 자리는 조금씩 움직여 어느 순간 또 다른 자리에서 그 자리에 맞는 역할을 하고 사는 것은 아닐까?

재무상태표도 마찬가지이다. 차변은 자산의 자리이다. 그러나 경제적 사건인 거래를 기록할 때 자산이 언제나 차변에만 기록되는 것은 아니다. 자산은 자기 자리를 지킬 때, 혹은 자기 자리에 있을 때 그 존재가 부각된다. 존재가 부각되려면 부피가 클수록 가능성이 더 크다. 따라서 자산이 차변에 오게 되면 자산이 불어나게 되는, 즉 증가함을 의미한다. 다르게 표현하면 자산이 늘어날 때 혹은 자산이 증가할 때는 자산의 본디 자리인 차변에 기록하면 된다. 그러면 자산이 줄어들 때, 즉 자산이 감소할 때는 어떻게 표현하면 좋을까? 줄어들었음을 나타내는 방법으로 (-) 기호를 붙일 수 있다. 그러나 등식을 이용하면 등호의 반대편으로 이항을 시켜도 (-)를 붙인 것과 같은 효과를 나타낼 수 있다. 따라서 자산의 감소는 차변의 대칭자리인 대변에 기록하면 된다.

예를 들어 현금 10,000원을 주고 수박을 한 통 샀다면, '나'라는 경제적 실체의 입장에서 현금이라는 자산은 줄어든 셈이고 대신 수박이라는 자산이 생긴 꼴이 된다. 10,000원의 가치에 해당하는 자산 중 현금은 감소하고 수박은 증가한 셈이다. 동일한 자산의 속성을 가진 것이지만 구체적으로 현금과 수박이라는 계정과목(이름)은 존재만큼이나 상이하다. 이를 진실되게 기록하는 방법을 다음처럼 설명할 수 있다. 빠져나간 현금이라는 자산은 본디 자리인 차변이 아닌 등호 반대로 이항한 대변에 기록하고, 대신 수박이라는 자산은 추가로 증가한 것에 해당하므로 자산의 자기 자리인 차변에 적으면 된다.

(차)	수박 (자산↑)	10,000	(대)	현금 (자산↓)	10,000

대변요소인 부채와 자본도 마찬가지이다. 부채와 자본은 본디 자리가 대변이므로 부채가 증가하면 대변에 기록하고, 부채가 감소할 경우 즉 빚을 갚게 될 경우 해당 금액만큼 차변에 기록하면 된다. 예를 들어 아파트를 사기 위해 은행에서 1억 2천만 원을 대출받은 경우, 갑자기 없던 빚이 1억 2천만 원씩이나 생긴 셈이다. 이 경우 진실보고는 다음과 같다.

| (차) | 현금　　120,000,000
(자산↑) | (대) | 대출금　　120,000,000
(부채↑) |

그 후 1년 뒤 대출금 중 4천만 원을 갚았다면(상환했다면) 부채가 그만큼 줄어들게 될 것이다. 이 경우 진실보고는 다음과 같다.

| (차) | 대출금　　40,000,000
(부채↓) | (대) | 현금　　40,000,000
(자산↓) |

우리의 일상에서 발생하는 모든 경제적 사건은 다음의 여덟 가지 차변요소와 대변요소의 결합으로 나타낼 수 있다. 이를 '거래의 8요소'라고 한다.

다음 그림에서 굵게 표시된 것은 자기 자리를 나타낸 것이고, 상대적으로 옅게 표현된 것은 반대 자리(이항하여 음(-)으로 인식됨)로 이동된 것이다.

꼭 기억해야 할 것은 모든 거래의 기록은 대차평형의 원리에 따라 차변요소와 대변요소로 구성되어야 하며 그 합계액은 언제나 동일해야 한다는 점이다.

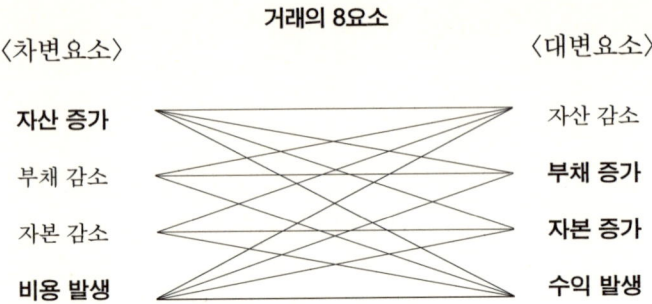

거래의 8요소

〈차변요소〉 〈대변요소〉

자산 증가　　　　　　　　　　자산 감소

부채 감소　　　　　　　　　　**부채 증가**

자본 감소　　　　　　　　　　**자본 증가**

비용 발생　　　　　　　　　　**수익 발생**

　어떤 거래도 차변요소만으로 구성되거나 대변요소만으로 구성될
수 없다.

자산 증가	↔	자산 감소	(○)
자산 증가	↔	부채 증가	(○)
부채 감소	↔	자산 감소	(○)
비용 발생	↔	자산 감소, 부채 증가	(○)
자산 증가, 부채 감소	↔	자산 감소	(○)
자산 증가, 비용 발생	↔	수익 발생, 부채 증가	(○)

　예를 들어, 위와 같은 거래는 모두 성립 가능하다. 차변과 대변요소
가 둘 이상이어도 상관은 없다. 그러나 반드시 차변과 대변요소가 최
소한 하나씩은 있어야 정상적인 분개가 가능하다.

반면, 아래와 같은 거래는 불가능하다.

자산 증가   ↮   부채 감소 (×) ; 모두 차변요소만으로 구성됨

자산 감소   ↮   부채 증가 (×) ; 모두 대변요소만으로 구성됨

자산 감소, 부채 감소   ↮   자본 증가 (×)

왜냐하면 이들은 모두 어느 한 자리(차변 혹은 대변) 요소만으로 이루어져 있기 때문에 대차균형의 원리와 복식부기 측면에서 위배된다.

이와 같이 이름(계정과목)과 자리(차변과 대변)를 알면 분개는 쉽게 정리할 수 있다. 경제적 사건의 본질을 확인한 후 해당 경제적 사건을 가장 직접적이고 진실되게 표현할 수 있는 이름을 찾아 증가 혹은 감소 여부를 따진 후, 그에 맞는 자리인 차변 혹은 대변에 기록하면 된다. 이것이 바로 분개이다.

대부분의 사람은 스무 살의 푸르고 찬란한 기억을 갖고 있다. 법적으로 완벽한 성인이 되던 그 시절! 하지만 스무 살 그 푸른 청춘이 그 시절의 소중함을 얼마나 알 수 있겠는가?

모든 것은 지나면 알게 된다. 그저 지나 봐야 깨닫게 된다. 홀로 산책하기, 벗들과 밤하늘의 별을 헤아리며 꿈을 꾸는 일, 향기로운 커피 향을 맡으며 좋은 구절이 담긴 책을 읽는 일, 사랑하는 이에게 사랑한다는 따뜻한 말 한 마디 건네는 일상의 소소한 일들이 얼마나 행(行)하기 쉽고 큰 기쁨인지를……. 알면 아무것도 아닌 그것을 모르기 때문에 힘들고 지친 삶에 괴로움만 더하는 우리들이다.

알지 못하는 불안한 미래 때문에 힘들어하지 말고 지금 이 순간 내 삶에 윤기를 보탤 수 있는 간단한 행복 찾기를 실천하는 것은 어떨지……. 지금 이 순간의 누적된 궤적이 나의 삶이며 곧 나의 미래이다.

장석주 시인의 「내 스무 살 때」를 읊어본다.

참 한심했었지,
(…)
인생의 가장 아름다운 시기는 무지로 흘려보내고
그 뒤의 인생에 대해서는 통통 부어 화만 냈지.

거래가 아닌 거래

회계는 모든 거래를 기록하지는 않는다. 우리가 일상적으로 '거래'라고 부르는 경제적 사건 중 회계상으로는 기록할 수 없는, 그래서 기록되지 않는 것들도 있다. 따라서 회계가 장부에 반드시 기록해야 할 사건은 회계에서 인정된 경제적 사건만이 그 대상이 된다. 그러면 회계에서만 다루는 거래란 무엇인가?

회계에서는 경제적 사건만을 인식하여 측정하고 기록한다. 그러면 회계가 말하는 경제적 사건(economic events)이란 무엇인가? 그것은 회계실체(기업, 개인, 정부, 조직 등 경제주체라고 이해하면 된다)에 경제적 영향을 주는 사건으로 재무제표의 구성요소에 영향을 미치는 것을 말한다. 궁극적으로 재무제표 구성요소인 자산, 부채, 자본 그리고 수익, 비용에 변화가 생기면 경제적 사건으로 인식하고 기록하게 된다는 뜻이다. 회계가 인식하는 경제적 사건을 도시하면 다음 그림과 같다.

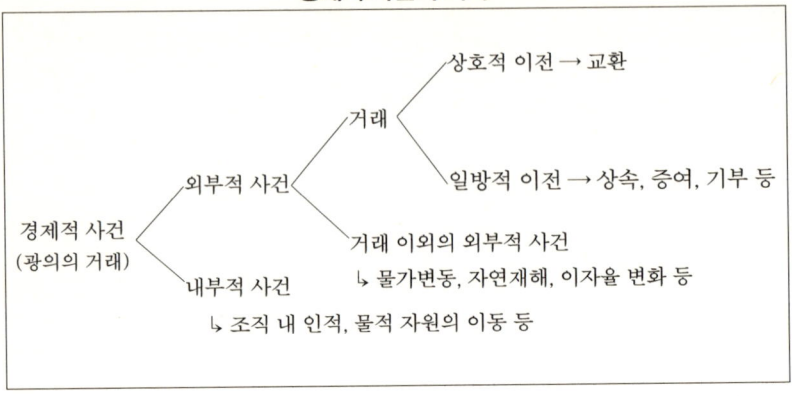

경제적 사건의 의미

경제적 사건
(광의의 거래)

외부적 사건
 - 거래
   - 상호적 이전 → 교환
   - 일방적 이전 → 상속, 증여, 기부 등
 - 거래 이외의 외부적 사건
   ↳ 물가변동, 자연재해, 이자율 변화 등

내부적 사건
   ↳ 조직 내 인적, 물적 자원의 이동 등

위 그림에서 보는 바와 같이 경제적 사건이라 함은 회계실체의 내부에서 일어나는 사건과 외부에서 일어나는 사건으로 나눌 수 있다. 내부적 사건이란 예를 들어 구매부서에서 구입한 원재료를 생산부문에 투입하는 것처럼 조직 내에서 인적자원이나 물적자원이 이동하는 것을 말한다. 반면, 외부적 사건은 다시 거래와 거래 이외의 외부적 사건으로 구분된다. 우리는 보통 좁은 의미의 경제적 사건으로만 거래를 떠올리기 쉽다. 그러나 거래(transaction)란 둘 이상의 실체 안에서 자원이 이전되는 것으로, 이는 다시 상호적 이전인 교환과 일방적 이전인 상속이나 증여, 기부 등의 활동이 존재한다.

특히 거래 이외의 외부적 사건인 자연재해나 물가변동 등 거시경제적 변동도 회계는 장부상에 그 가치변화를 인식해서 측정하고 기록한다는 특징을 가진다. 왜냐하면 외부 사건을 통해서도 자산이나 부채, 비용 등이 영향을 받기 때문이다.

회계에서 말하는 '거래'는 그것이 어떤 것이든, 또 그것이 무엇이든 그로 인해 자산이 변동하게 되면 그것은 모두 기록대상으로 광의의 거래, 즉 경제적 사건으로 판단한다. 경제적 사건으로 인식되면 그 사건의 결과 얼마의 금액 변동이 발생했는지 확인한 후, 그 사건을 진실되게 알릴 수 있는 이름(계정과목)을 찾아 자리(차변 또는 대변)를 따져보고 장부에 기록하는 분개를 할 수 있다. 아니, 반드시 장부에 기록해야 한다.

그러나 일상적으로 거래라고 알고 있는 것이지만 회계상에서는 기록대상이 되지 못하는, 즉 경제적 사건(거래)이 아닌 거래도 많다. 이를 분명히 구별할 수 있어야 회계가 쉬워진다. 그러면 무엇이 거래가 아닌 거래(회계상의 거래가 아닌 일상적 거래)인가?

예를 들어 상품에 대한 주문을 받은 경우 우리는 이를 "당연히" 거래라고 생각한다. 하지만 회계적 관점에서 보면 단지 상품에 대한 주문전화를 받았다고 자산의 변동이나 부채가 발생했다고 보기 어렵다. 물론 수익이 발생한 것 아니냐며 반문할 수 있겠지만, 주문은 취소도 가능하기 때문에 단지 주문을 받았다는 사실만으로 수익이 생긴 것으로 인식할 수는 없다. 상품의 주문이 회계적으로도 거래가 될 수 있으려면, 상품의 인도나 주문품에 대한 대금의 수납 등 구체적인 행위가 있어야 한다. 그래야 회계에서도 거래로 인정받을 수 있다. 다음의 시나리오를 살펴보자.

어느 통닭집. 오늘따라 손님도 없고, 날씨도 끄물거리고, 가게 주인은 우울하게 앉아 있다. 그때 끄물거리던 하늘에서 갑자기 소나기처럼 빗방울이 쏟아지더니, 어느덧 장대비로 바뀌어가고 있었다. 컴컴한 하늘에서 번갯불이 번쩍하더니 우르르 쾅 천둥소리마저 심상치 않다. 하늘만 쳐다보고 멍하니 있던 가게 안에 전화벨이 시끄럽게 울린다. 주인은 얼른 수화기를 들었다. 수화기 너머 반가운 목소리가 들린다. "통닭 반 마리도 튀겨주나요? 그럼 반 마리만 해주세요." 주인은 돌아가신 아버지가 살아 돌아오신 듯 기쁘고 반가운 마음에 얼른 닭을 꺼내 튀길 준비를 한다. 5분 뒤 가스 위의 튀김 솥이 적당히 달구어지고, 반죽도 부드럽게 되어 이제 튀기기만 하면 되는 그 순간, 다시 전화벨이 울린다. "아저씨, 조금 전에 주문한 사람인데요. 죄송해요. 반 마리 그냥 취소해주세요." 뚜뚜뚜…. 주인은 맥이 탁 풀린다. 자주 있는 일은 아니지만, 이런 일들이 생기면 실망감을 감추기는 쉽지 않다.

어느 통닭집. 오늘따라 손님도 없고, 날씨도 끄물거리고, 가게 주인은 우울하게 앉아 있다. 그때 끄물거리던 하늘에서 갑자기 소나기처럼 빗방울이 쏟아지더니, 어느덧 장대비로 바뀌어가고 있었다. 컴컴한 하늘에서 번갯불이 번쩍하더니 우르르 쾅 천둥소리마저 심상치 않다. 가게 밖 비오는 풍경에 넋 놓고 앉아있던 순간,

어느 임산부가 들어와 "통닭 반 마리도 튀겨주나요? 그럼 반 마리만 해주세요. 시장 좀 보고 와서 찾아갈게요." 주인은 돌아가신 아버지가 살아 돌아오신 듯 기쁘고 반가운 마음에 얼른 닭을 꺼내 튀길 준비를 한다. 5분 뒤 가스 위의 튀김 솥이 적당히 달구어지고, 반죽도 부드럽게 되어 이제 튀기기만 하면 된다. 그로부터 20분쯤 뒤 그 임산부가 다시 와서 튀겨놓은 통닭 반 마리를 8,000원에 사 갔다.

〈시나리오 1〉과 〈시나리오 2〉의 차이점이 보이는가? 둘 다 상품(통닭 반 마리)에 대한 주문을 받았다. 그러나 〈시나리오 1〉은 끝내 주문이 취소되었고, 〈시나리오 2〉는 주문이 매출로 전환되었다. 상품에 대한 주문을 받은 순간, 두 경우 모두 회계상 거래는 아니다. 즉 〈시나리오 1〉과 〈시나리오 2〉는 닭도 반죽도 모두 그대로 있다. 그러나 그후 〈시나리오 2〉는 상품의 매출로 인해 반죽 옷을 입은 튀긴 닭 반 마리는 더 이상 가게 안에 존재하지 않는다. 손님이 사 갔기 때문이다. 다시 말해 영업활동의 주된 자원이 소멸되고 그 대가로 8,000원의 현금이 가게 주인의 수중에 들어온 셈이다. 따라서 주문 후의 상황 때문에 두 시나리오는 경제적 사건으로 인식되기도 하고 그렇지 못하기도 한 것이다. 즉, 〈시나리오 1〉은 거래로 인식될 수 없기 때문에 장부에 기록할 것이 없으나, 〈시나리오 2〉는 거래(경제적 사건)로 반드시 장부에 기록해야 한다. 거래로 인식할 때는 당연히 차변과 대변에 기록으로 남겨야 한다.

(차)	현금	8,000	(대)	매출	8,000
	매출원가	5,000		상품(닭과 반죽 등)	5,000
	(→자산 증가, 비용 발생)			(→수익 발생, 자산 감소)	

또는

(차)	현금	8,000	(대)	상품(닭과 반죽 등)	5,000
				상품매매이익	3,000

　위 분개는 〈시나리오 2〉의 상황을 기록한 것으로 동일한 결과를 보여주고 있으나 계정과목을 달리한 경우이다. 그러나 사건의 진실보고라는 점에서는 동질성을 확보하고 있다. 즉 위 분개는 원가가 5,000원인 상품을 8,000원에 팔아 판매수익(매출)을 달성했다. 그래서 판매이익(매출총이익)이 3,000원이 되었다는 것을 보여준다. 그리고 수익(매출)은 모두 현금으로 회수되었음을 보고하고 있다.

　물론 〈시나리오 1〉과 〈시나리오 2〉 두 경우 모두 전기와 가스는 사용하였지만 그것은 이번 주문만을 위한 사용이라고 보기 힘들다. 또다른 주문을 위해 언제나 사용가능한 자원이다. 이러한 자원의 사용은 영업비용으로 산출될 수 있다.[10]

---

10) 모든 수익과 비용 항목 즉 포괄손익계산서 구성요소는 일정기간 동안의 총누적액을 사용하여 순이익을 산출한다. 따라서 매 수익에 관련된 직접적인 비용(직접원가)은 추적하여 바로 분개(기록)할 수 있으나, 그렇지 않은 비용(간접원가)은 일정기간이 경과

상품의 주문 외에도 토지나 건물의 임대차계약에 있어서도 단순히 계약 자체만으로는 자산이 증가하거나 부채가 감소한다고 보기 어렵다. 계약 후 계약금의 인수, 인도 등 구체적 행위가 수반되어야 거래로 인정받을 수 있다.

반면 상품이 도난당하거나, 화재나 홍수 등 재해로 인한 상품의 가치가 소멸된 경우, 또 건물이나 기계, 차량운반구 등을 사용하거나 혹은 시간이 경과함으로써 그 가치가 감소한 경우는 모두 자산이 직접적으로 감소했다고 보기 때문에 이는 거래로 인식되어 장부에 기록해야 한다.

예를 들어 장마로 인해 창고와 냉동고에 수해를 입어 튀김가루 10포대가 젖어버려 사용이 힘들고, 냉동고에 전원이 끊겨 그 안에 있던 튀김용 닭 200마리가 상해서 판매가 불가능한 상황이 되었다고 가정하자. 이 경우, 튀김가루와 튀김용 닭은 판매활동을 위해 기업(통닭집)이 보유하고 있던 재고자산이다. 그 자산이 형태는 유지하고 있는지 모르지만 실질적으로 사용이 불가능하여 재고자산의 가치는 영(0)이 된 셈이므로 기업은 이를 손실로 처리해야 한다. 이것은 분명히 경제적 사건에 해당된다. 자산의 가치가 그만큼 감소했기 때문이다. 만약 튀김가루 10포대를 1포당 3,000원씩 총 30,000원을 주고 사 왔고, 튀김용 닭은 1마리당 2,000원씩 총 400,000원에 구입하였다면 이들 자산의 감소에 대한 거래 기록은 다음과 같다.

한 기말에 한꺼번에 정산한다.

(차)	재해손실	430,000	(대)	튀김가루	30,000
				튀김용 닭	400,000
	(→ 비용 발생)			(→ 자산 감소)	

　다시 정리하자면 재무제표 중 기본적인 두 보고서인 재무상태표와 포괄손익계산서의 구성요소에 변화가 생기면 이는 거래로 인식되어 반드시 장부에 기록해야 한다. 만약 그것이 재무제표 구성요소 중 어느 하나에도 증가나 감소를 가져오지 않는 것이라면 회계는 거래로 파악하지 않기 때문에 분개(기록)할 필요가 없다. 따라서 분개를 하기 위한 첫 번째 단계는 거래인지 아니면 거래가 아닌지를 구별하는 것이다.

　재무제표의 구성요소를 학문적 시각에서 살펴보면 다음과 같다. 기본적인 재무제표의 구성요소는 기업의 경제적 자원이나 자원에 대한 청구권에 대해 변화를 일으키는 거래나 기타 경제적 사건의 영향으로 본다. 미국의 재무회계기준위원회(FASB; Financial Accounting Standards Board) 개념보고서 제3호에 의한 이들 재무제표 구성요소에 대한 정의를 살펴보자.

　첫째, 자산(Assets)이란 과거의 거래나 사건의 결과로서 특정 실체에 의해 획득되었거나 통제되고 있는 미래의 경제적 효익(용역잠재력)이다.

　둘째, 부채(Liability)란 과거의 거래나 사건의 결과로서 미래의 특정 실체가 다른 실체에게 자산을 이전하거나 용역을 제공해야 할 현재의 의무로부터 발생하는 미래의 경제적 효익의 희생이다.

셋째, 지분(Equity)은 자산에 대한 청구권으로 이를 도시하면 아래와 같다. 자본은 자산에서 부채를 차감한 후에 남은 잔여지분을 의미한다.

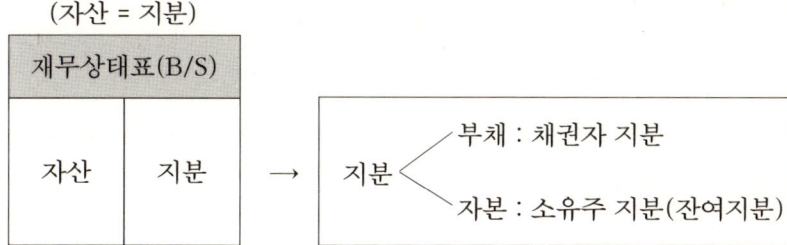

(자산 = 지분)

넷째, 소유주에 의한 투자(investments by owners)란 투자자가 특정 기업에 대한 소유주 지분을 획득하거나 증가시킬 목적으로 그 기업에 자원을 이전함으로써 발생하는 기업의 순자산 증가를 말한다. 순자산이란 자산에서 부채를 차감한 것으로 역시 자본을 뜻한다.

다섯째, 소유주에 대한 배분(distributions to owners)은 기업의 소유주에게 자산을 이전하거나 용역을 제공함으로써, 또는 부채를 부담함으로써 발생하는 순자산의 감소로 배당이 대표적인 예이다.

여섯째, 포괄적 이익(comprehensive income)이란 소유주와의 거래인 소유주에 의한 투자(넷째)와 소유주에 대한 배분(다섯째)을 제외한 모든 거래나 사건 및 환경으로부터 일정기간 내 발생하는 경제실체의 지분(순자산) 증가를 말한다.

일곱째, 수익(revenues)은 제품의 판매나 생산, 용역제공 및 경제실체의 주요한 또는 중심적 영업활동(구매, 생산, 판매, 회수 등)을 구성하는 활동으로부터 일정기간 내 발생하는 자산의 유입이나 증가 또는 부채의 감소이다.

여덟째, 비용(expenses)은 제품의 판매나 생산, 용역제공 및 경제실체의 주요한 또는 중심적 영업활동을 구성하는 활동으로부터 일정기간 내 발생하는 자산의 유출이나 사용 또는 부채의 증가이다.

회계의 본질 즉 경제적 사건이 거래이다. 그러나 형식상 거래와 회계의 본질상 거래는 다르다. 회계의 본질에 부합하는 실질적 거래만이 기록대상이 된다.

이제 모든 껍데기는 가라. 껍데기를 벗겨 실질을 보는 안목을 키우자. 무엇이 거래인지, 무엇이 기록대상으로서의 경제적 사건인지 살펴보자. 알맹이를 제외한 나머지는 모두 보내버리자.

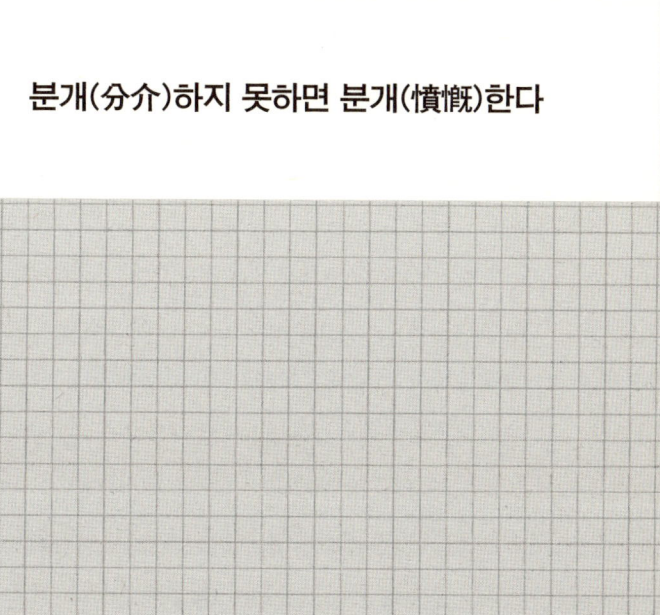

분개(分介)하지 못하면 분개(憤慨)한다

회계는 경제적 사건을 기억하는 매개체로 장부(帳簿)를 이용한다. 즉, 장부에 기록을 남김으로써 자원의 이동과 가치변화 등 필요한 재무적 정보를 분석할 수 있도록 한다. 이때 거래를 기록하는 나름의 원칙을 준수하도록 한다.

첫째, 거래인지 아닌지를 판단하여 기록해야 한다. 둘째, 기록은 반드시 두 번 한다. 한 번은 차변에 한 번은 대변에 기록함으로써 하나의 경제적 사건에 대하여 원인과 결과를 동시에 표시하도록 한 것이다. 셋째, 차변과 대변에 기록되는 동일사건의 화폐적 가치의 합은 언제나 양 변이 동일해야 한다.

이처럼 장부에 기록하는 행위를 회계학에서는 분개(分介)라고 부른다. 경제적 사건을 기록하는 분개는 정말 잠깐이다. 찰나의 순간에서 이 거래를 어떻게 기록할 것인지가 결정된다. 하지만 기록해놓은 분개의 정보가 정리되어 재무제표에 보고되면 그 기록은 영영 사라지지 않게 된다. 한번 공시된 재무제표는 아무리 시간이 흘러도, 심지어 청산[11]한 기업의 재무제표라 할지라도 불러내서 확인해볼 수 있다.

순간은 잠깐이고 쉬울 수 있지만 결국 영원으로 이어지는 교량이다. 분개도 마찬가지라 생각한다. 잠깐 동안의 기록일 수 있지만 영영 보관되는 재무제표의 가장 본바탕인 것이다.

분개는 회계 순환과정에서 세 가지로 나타나는데 모두 동일한 원칙과 유사한 과정을 따른다. 가장 광범위하게 나타나는 것은 모든 거래(경제적 사건)를 발생 순서에 따라 기록하는 일반적인 분개가 있다. 이처럼 일상적인 분개만 하는 특별한(또는 별도의) 장부가 바로 분개장(分介帳)이다. 다음으로 회계기말(월말 또는 연말 등 일정한 기간의 마지막 날)에 회계적 특성상 고려해야 할 경제적 사건의 결과를 추론하는 과정에서 나타나는 수정분개(결산정리분개)가 있다. 이는 회계 용어로 발생주의에 의한 결과 중 일부인 이연항목과 추정항목 때문에 발생한다. 마지막으로 포괄손익계산서를 완성하는 과정에서 나타나는 마감분개가 있다.[12]

회계정보에 대한 분석의 가장 기본은 분개에 있다. 분개가 이루어지지 못하면 어떠한 경제적 사건이 발생했는지를 알지 못하기 때문에 일정 시점이나 일정 기간 동안의 한 경제실체의 재무상태와 경영성과는 그야말로 까막눈(無知) 상태가 되는 셈이다. 정말 아무것도 알 수 없는 상태가 된다. 그러니 꼭 기억하자. 분개(分介)하지 못하면 분개

---

11) 청산은 도산, 파산, 부도 등의 의미로 이해하면 된다.
12) 지금은 분개 자체만 언급하도록 할 것이다. 수정분개와 마감분개는 예제를 통한 연습문제로 보다 상세히 설명할 기회를 가질 것이다.

(憤慨)한다!

그러면 이제 '분개'를 분석해보자.

첫째, 분개의 시작은 거래의 분석에 있다. 이 사건이 회계상 '거래'로 표현되는 경제적 사건에 해당하는지 그렇지 않은지를 따지는 것이 우선이다. 어떤 사건이 '거래'로 인식된다면, 즉 재무제표 구성요소(자산, 부채, 자본, 수익, 비용) 중 하나에 속하는 요소의 변화를 가져온다면 그 사건은 무조건 기록되어야 한다.

둘째, '거래'로 인식되었다면 구체적으로 어떤 요소에 해당하는지를 따져보자. 자산의 변화를 가져온 사건이라면 그 변화가 자산을 증가시키는 변화인지 감소시키는 변화인지를 고려하여 차변(왼쪽)에 기록할지 대변(오른쪽)에 기록할지를 결정한다.

해당 사건이 자산과 부채의 변화에 영향을 미쳤다면 역시 자산의 변화가 증가 방향인지 아니면 감소 방향인지를 따져보고, 마찬가지로 부채도 증가되었는지 감소되었는지를 판단하여 차변과 대변에 기록될 대상을 구별한다. 어떤 요소의 변화가 증가 방향인지 아니면 감소 방향인지에 따라 사건이 기록될 자리인 차변과 대변은 자동 결정된다. 이러한 재무제표 구성요소들의 증가 방향과 감소 방향에 대한 자리는 거래의 8요소를 통해 다시 확인해볼 수 있다.

셋째, 기록될 사건(거래)의 요소가 자산인지 수익인지 등이 결정되고, 해당 요소를 차변에 기록할지 대변에 기록할지를 분석했다면 드디어 장부에 기록하는 순서가 기다리고 있다. 이때 기록은 가장 구체적인 이름을 사용한다. 거래분석은 재무제표 구성요소(자산, 부채, 자본, 수익, 비용)를 이용하여 기록할 대상의 자리(차변과 대변)를 결정하지만 실제 기록은 구성요소로 하지 않는다. 경제적 사건은 구체적이고 상세히 보고되어야 한다. 분류체계의 상위개념으로 기록되면 정보는 덩어리로밖에 인지될 수 없다. 우리는 누구나 사람이라는 상위개념의 분류체계에 속한다. 사람이라는 분류 속에서 반드시 철수나 영희일 필요는 없다. 그냥 개나 소나 고양이가 아니면 되는 것이다. 이렇게 되면 정보의 내용이 대단히 피상적으로 분석될 수밖에 없다. 경제적 사건 역시 마찬가지이다. 자산의 증가변화는 너무도 다양한 구체적 사건들로 이루어져 있다. 자산이 늘어났다고 해서 언제나 현금이 늘어난다고 판단할 수는 없다. 자산이라는 재무제표 구성요소 속에는 수많은 구체적 사건들이 즐비해 있으며, 경제주체(회계실체)에 따라서 그 구체성은 더욱 다양해진다. 어떤 기업의 자산은 상품재고량의 증가로 인해 자산이 증가될 수도 있고 다른 기업, 예를 들어 금융업 등 은행산업에서는 상품재고나 원재료와 같은 자산이 결코 나타나지 않는다. 그리고 또 다른 기업은 토지와 건물 등 비유동자산이 증가할 수도 있다. 그러므로 경제적 사건을 기록하는 분개는 단지 자산 증가로 기록되어서는 곤란하다. 자산 중 어떤 자산인지 구체적 이름을 찾아 증가한 금액만큼 기록해야 한다. 자산이 감소한 경우도 마찬가지이다.

분개, 여기가 끝이다. 거래인지 아닌지 판단해서 어느 자리에 기록할지 결정하고 해당 사건을 가장 정확하게 표현할 수 있는 구체적 이름을 찾아 해당 금액만큼 기록하는 것, 그것이 바로 분개이다.

아주 장황하게 설명하였지만 실제로 분개는 익숙해지기만 한다면 번갯불이 번쩍하는 순간만큼 찰나의 시간에 파악해서 기록할 수 있다. 익숙해지기까지는 약간의 노력이 필요하다. 하지만 결코 어렵지는 않다. 스스로에게 분개(분노)하지 않으려면 분개(거래의 기록)만 잘하면 된다. 분개가 잘못되면 재무제표를 온전히 완성시킬 수 없게 된다.

이제 분개를 해보자. 일상의 사건을 기록해보자.

예를 들어 초등학교 5학년인 어떤 아이가 매주 일요일 저녁 용돈 6,000원을 받는다고 가정하자. 즉, 주급을 받는 셈이다. 물론 아무런 영업활동을 하지 않기 때문에 용돈 6,000원이 수익이라기보다는 기부금에 가깝다. 기부금은 사용용도가 정해진 형식이 있고, 기부받은 돈을 용도제한 없이 사용자가 원하는 목적에 원하는 금액만큼 사용할 수 있는 형식이 있다. 학생이 받는 용돈도 마찬가지이다. 어떤 부모님은 학생으로 하여금 용돈을 교통비와 간식비로 제한하고, 그 외 교재비와 통신비는 별도로 지급해주는 방식을 선택할 수도 있으며, 또 다른 부모님은 금액을 좀 올려 교통비, 간식비, 교재비, 통신비 모두를 용돈에서 해결하되 어떻게 사용하든 학생의 뜻에 맡기는 방식을 선택하는 경우도 있을 것이다. 어쨌든 기부받은 돈, 즉 용돈은 학생의 입장에서는 자본에 해당한다. 이제 초등학교 5학년 한 어린이의 일주일 동안의 일상을 관찰하여 기록(분개)해보자.

저녁에 부모님으로부터 월요일부터 토요일까지 사용할 용돈 6,000 원을 받았다. 이를 기록하면 다음과 같다.

(차)	현금	6,000	(대)	용돈	6,000
	(자산↑)			(자본↑)	

꼭 기억해야 할 사실은 일상의 사건도 진실보고 입장에서 기록되어야 한다는 것이다. 보통의 경우 용돈은 현금으로 받는다. 용돈을 과자나 책으로 받는 경우는 없다. 그러나 만약 용돈을 부모님께서 자녀의 통장으로 입금했다면 어떻게 될까? 그렇다면 위 분개는 진실보고가 아니다. 통장에 입금된 용돈 6,000원에 대한 기록은 아래와 같이 수정되어야 한다.

(차)	당좌예금	6,000	(대)	용돈	6,000
	(자산↑)			(자본↑)	

물론 두 경우 모두 거시적으로 살펴보면 자산 및 자본이 모두 증가한 거래이지만, 자산증가의 구체적 실현방식이 현금과 당좌예금으로 차이를 보이고 있다는 뜻이다. 아무튼 어떤 경우라 할지라도 진실보고의 입장은 언제나 유지되어야 한다.

위 학생은 6,000원으로 일주일을 버텨야 한다. 평균적으로 하루에

1,000원을 사용할 수 있다. 월요일부터 토요일까지 사용가능한 총 금액은 6,000원이다. 물론 지난주에 용돈의 일부를 남겨놓았다면 그 금액만큼 더해진 돈을 사용할 수 있다. 현실적으로 6,000원으로 일주일을 사용하고 남긴다는 것은 힘들긴 하다. 요즘처럼 가히 살인적인 물가라면 초등학생도 힘들긴 마찬가지일 것이다. 그래서 지난주에 남은 용돈은 없는 것으로 가정한다.

관찰 둘째 날의 기록 : 7월 4일 월요일

하굣길에 친구들과 아이스크림을 하나씩 사 먹기 위해 1,000원을 사용하였다. 이제 이 학생은 오후에 학원을 다녀오는 시간에 계속해서 용돈을 사용하면 일주일이 힘들어질 것이다. 그래서 오늘은 이 아이스크림이 더없이 귀한 음식이 된다. 이제 이 거래를 분석해보자. 아이스크림이라는 먹거리를 사기 위해 현금 1,000원을 사용하였고, 아이스크림은 주방의 냉장고가 아닌 학생의 뱃속에서 눈 녹듯 녹아 없어져버렸다. 그렇다면 어떻게 기록하는 것이 진실보고가 될까?

(차)	아이스크림 (자산↑)	1,000	(대)	현금 (자산↓)	1,000

(차)	아이스크림비 (비용↑)	1,000	(대)	아이스크림 (자산↓)	1,000

현금 1,000원을 주고 1,000원짜리 아이스크림을 구입한 후 그 아이스크림을 먹어버려 더 이상 아이스크림은 존재하지 않는다. 그런데 곰곰이 살펴보면 위의 기록은 시간 순서이기는 하나 거의 동시에 이루어진 것으로, 첫 번째 분개의 차변에 있는 아이스크림 1,000원과 두 번째 분개의 대변에 있는 아이스크림 1,000원은 동일한 것이다. 즉 수중에 들어온 아이스크림이 다시 없어진 셈으로 더 이상 아이스크림은 찾을 수 없다. 따라서 결과적으로 두 분개를 재정리하면 아래와 같이 고쳐 기록할 수 있다.

| (차) | 아이스크림비
(비용↑) | 1,000 | (대) | 현금
(자산↓) | 1,000 |

학생이 사용한 현금 1,000원은 아이스크림을 사는 데 쓰였으며 그것은 비용으로 처리할 수 있다. 현실적으로 위의 사건은 두 개로 분리하여 기록할 수도 있고, 재정리하여 하나로 기록할 수도 있다. 모두 진실보고 입장에서 타당하다. 어떻게 기록해도 된다. 이제 분개가 좀 쉬워지는가? 아직도 힘든가? 그럼 화요일의 기록도 살펴보자.

관찰 셋째 날의 기록 : 7월 5일 화요일

오늘은 5교시만 하는 날이라 좀 일찍 집으로 돌아와서 어머니가 간식으로 챙겨주신 아이스크림을 먹고 학원을 다녀왔다. 학원 갈 때 깜박하고 용돈을 챙겨가지 못했다. 화요일은 좀 특별했다. 분명 월요일과 마찬가지로 아이스크림을 먹었지만 학생이 본인의 용돈을 사용한 것이 아니라 어머니가 사주신 것이다. 용돈 지출 없이 아이스크림을 먹은 재수 좋은 날이다. 그렇다면 학생은 기록할 것이 없을까? 진실 보고 입장에서 살펴보자. 용돈(현금)의 유입과 지출 측면에서는 분명히 기록할 것이 없다. 하지만 분명히 학생은 아이스크림을 먹었다. 그렇다면 어떻게 기록할 수 있을까?

일단 시간순으로 기록해보면 1,000원짜리 아이스크림을 비용 지불 없이 가져와 먹었다. 따라서 다음처럼 기록할 수 있다.

| (차) | 아이스크림
(자산↑) | 1,000 | (대) | 공짜(잡수익)
(수익↑) | 1,000 |

| (차) | 아이스크림비
(비용↑) | 1,000 | (대) | 아이스크림
(자산↓) | 1,000 |

위 기록 역시 자세히 보면 아이스크림은 차변과 대변에 동시에 나타나기 때문에 이를 상쇄시키면 아래와 같이 다시 기록할 수 있다.

| (차) | 아이스크림비
(비용↑) | 1,000 | (대) | 공짜(잡수익)
(수익↑) | 1,000 |

즉, 아이스크림을 공짜로 먹었다는 뜻이 된다. 만약 용돈의 흐름만 관찰하고 싶다면 화요일은 굳이 기록할 것이 없다.

학교를 다녀온 후 태권도와 피아노, 영어학원까지 다녀오니 저녁 6시 30분이 넘었다. 집에 가서 저녁을 먹어도 되지만 학원 앞 토스트가게에서 풍기는 냄새의 유혹을 이기지 못하고 그 가게에서 가장 저렴한 토스트 2,000원짜리를 사 먹었다. 일요일 받은 용돈 6,000원 중 월요일 1,000원을 사용하고 남은 5,000원 중 이제 3,000원만 남았다. 오늘의 사건을 기록해보자.

(차)	토스트	2,000	(대)	현금	2,000
	(자산↑)			(자산↓)	

(차)	토스트 구입비	2,000	(대)	토스트	2,000
	(비용↑)			(자산↓)	

월요일 기록과 마찬가지로 현금 2,000원을 주고 구입한 토스트를 순식간에 먹어버려 더 이상 토스트는 존재하지 않는다. 따라서 첫 번째 분개의 차변에 있는 토스트 2,000원과 두 번째 분개의 대변에 있는 토스트 2,000원은 상쇄되어 없어진다. 따라서 결과적으로 두 분개를 재정리하면 아래와 같이 고쳐 기록할 수 있다.

(차)	토스트 구입비	2,000	(대)	현금	2,000
	(비용↑)			(자산↓)	

하굣길에 친구들과 형제문구에 들러 딱지를 두 통 샀다. 딱지는 한 통에 7개가 들어 있으며 300원에 판매되고 있었다. 딱지 사는 데 600 원을 지불하고 즐겁게 집으로 돌아왔다.

(차)	딱지 (자산↑)	600	(대)	현금 (자산↓)	600

그런데 딱지는 아이스크림이나 토스트와는 달리 먹어서 없앨 수 있는 식품이 아니라 가지고 놀 수 있는 장난감이다. 따라서 딱지라는 눈에 보이는 자산(유형자산) 형태로 이 소년의 방 서랍 속에 잘 간직될 것이다. 대신 이제 남은 용돈은 2,400원뿐이다.

오늘은 청소당번이라 집에 늦게 돌아왔다. 학원버스는 이미 놓쳤고, 어쩔 수 없이 시내버스를 타고 가야 했다. 시내버스는 편도에 350 원이다. 버스를 타고 학원을 갔다가 집으로 돌아오는 길에 튀김과 떡볶이를 1,500원어치 사 먹었다.

(차)	버스요금 (비용↑)	350	(대)	현금 (자산↓)	350
	튀김과 떡볶이 (자산↑)	1,500		현금 (자산↓)	1,500
	튀김과 떡볶이 구입비용 (비용↑)	1,500		튀김과 떡볶이 (자산↓)	1,500

이제 남은 용돈은 550원밖에 없다.

관찰 마지막 날의 기록 : 7월 9일 토요일

토요일이라 4교시만 하고 집으로 돌아왔다. 주말에는 부모님과 외식도 하고 영화도 보고 해서 기분이 좋다. 그리고 용돈 쓸 일도 없다. 일요일이면 다시 용돈 6,000원이 생긴다. 기쁘다. 그래서 남은 돈 550원은 저금통에 넣었다.

(차)	저금 (자산↑)	550	(대)	현금 (자산↓)	550

만약 550원을 저금통이 아니라 은행에 입금했다면 차변에 당좌예금이라 기록하면 된다.

분개, 그리 어렵지 않다. 사건의 진실보고 입장에서 가장 객관적인 이름을 찾아 해당 금액만큼 늘어났는지 줄어들었는지를 판단하여 각각 차변과 대변에 기록하면 된다. 그것이 분개다.

　사실, 분개만 추적하면 위 사례의 경우 학생이 매일 잔액을 기록하지 않는 이상 현재 보유하고 있는 용돈이 정확히 얼마인지 파악하기 어렵다. 따라서 일정한 시점에 현재의 잔액을 알기 위해서는 별도의 장부에 분개기록을 옮겨 쓰는 절차가 필요하다. 분개 이후 다음 단계에 대한 설명은 조금 쉬었다가 다시 하자.

우리는 차원이 다르다

-4차원과 3차원

일상의 거래를 기록하면서, 즉 회계적으로는 분개를 하면서 혹시 숫자를 눈여겨봤는가? 우리가 사용하는 아라비아 숫자는 너무나 놀랍게도 매 단위마다 0을 추가하면 10배씩 증가한다. 그런데 사용하고 있는 숫자의 단위가 천 단위가 될 때마다 쉼표(,)를 찍음으로써 단위가 늘어나고 있음을 쉽게 이해하고 읽을 수 있도록 하고 있다.

하지만 우리가 읽을 때는 쓰여 있는 단위와 불일치하여 읽기에 조금 불편한 것이 사실이다. 무슨 소리냐고? 자, 백만 원이라 읽고 1,000,000원이라고 쓴다. 그런데 읽는 대로 쓰면 어떻게 될까? 100,0000원이라고 쓰면 읽기가 더 쉽지 않은가? 이천삼백만 원인 23,000,000원과 2300,0000원은 어떤가? 뒤에 쓰여진 숫자가 보고 읽기에 더 쉽지 않은가?

우리는 만(萬)을 기본단위로 하여 말하고 생각하는 민족이다. 그래서 일, 십, 백, 천 단위는 공통으로 사용하고, 만 단위가 되면 단위의 이름을 바꿔 부른다.

예를 들어보자.

2,345,678,987,651은 읽을 때 2조 3천4백5십6억 7천8백9십8만 7천6백5십1이라고 한다. 아래의 〈단위 표1〉을 참조하기 바란다.

〈단위 표1〉

2	3	4	5	6	7	8	9	8	7	6	5	1
	,			,			,			,		
조	천	백	십	억	천	백	십	만	천	백	십	일

그런데 쉼표를 만 단위로 바꿔서 표기해보면 다음과 같다. 2,3456,7898,7651. 이를 〈단위 표2〉로 체계화하여 살펴보자.

〈단위 표2〉

2	3	4	5	6	7	8	9	8	7	6	5	1
	,				,				,			
조	천	백	십	**억**	천	백	십	**만**	천	백	십	일

숫자를 읽는 것에도 규칙이 있고 쓰는 것과 읽는 것이 일치하여 아무리 단위가 큰 숫자라 하더라도 훨씬 편안하게 읽을 수 있다.

우리 민족은 만(萬) 단위, 즉 10^4을 기본으로 한다. 그러면 일상에서 사용하고 있는 숫자 표기법은 도대체 어디서 나온 것일까? 이는 서구 문명에 그 바탕을 두고 있다. 서구 사람들은 천(千) 단위를 기본단위로 하여 일, 십, 백 단위는 공통으로 사용하고 천 단위가 되면 단위의 이름을 바꿔 부른다. 앞서 본 〈단위 표1〉의 단위를 영어로 표현하면 다음 〈단위 표3〉과 같다.

〈단위 표3〉

2	3	4	5	6	7	8	9	8	7	6	5	1
	,			,			,			,		
Tr	hun	ten	B	hun	ten	M	hun	ten	Th	hun	ten	

위 표기를 영어 읽기로 표현하면 2 Trillions 345 Billions 678 Millions 987 Thousands 651이 된다. 즉 two trillions three hundreds forty five billions six hundreds seventy eight millions nine hundreds eighty seven thousands six hundreds fifty one으로 읽는다. 따라서 일, 십, 백 단위는 반복적으로 읽으면 되고 추가로 1,000배가 되는 순간 다른 단위로 교체해서 사용하는 것이다. 우리가 10,000배가 될 때 단위를 바꾸는 것과 같은 이치이나 단위 자체가 다르다. 서구문명 사람들은 10^3을 기본 단위로 하는 반면 우리 민족은 10^4을 기본단위로 한다. 그들은 3차원을 근간으로 하지만, 우리는 4차원이 기본이다. 우리 민족은 차원이 다르다고 하는 이유가 수긍이 되는가?

한 가지 안타까운 현실은 현재의 세계 경제가 서구 자본주의를 중심으로 움직이고 있다 보니 그들의 가치기준에 의한 숫자표기가 일반화되었다는 점이다. 그러다 보니 지금의 표기양식이 세월이 지난다고 바뀔 것 같지는 않다. 하지만 알고 사용하는 것과 모르고 습관적으로 사용하는 것에는 분명한 차이가 있을 것이다.

회계는 서구 자본주의의 꽃이다. 회계가 표현하는 방식 역시 화폐로 거래를 기록할 때 그들의 가치기준에 준하여 매 천(千) 단위마다 쉼표(,)를 찍어 단위가 바뀌었음을 인식하도록 하고 있다. 분개를 하거나 재무제표를 작성할 때도 꼭 지켜져야 한다.

비록 우리가 만(萬) 단위를 지향하고 사용하는 민족이지만 배타적 국수주의에 빠져 천(千) 단위를 폐기하자는 의미가 아니라, 우리는 보다 큰 사고의 틀을 가지고 있음에 뿌듯해하고 여유를 가지며 생각해보자는 취지에서, 또 삶에 있어서도 쉼표(,)를 어디에 찍으며 살까를 고민하는 것도 좋지 않겠는가 여겨 이 지면을 이용하였다.

전기(電氣, 傳記, 轉記)
-빛과 죽음

하루를 정리하기 위해 일기를 쓴다. 그런데 살아온 삶 자체를 정리하기 위해 우리가 쓸 수 있는 것은 무엇일까? 내가 살아 있을 땐 자서전이 되겠지만, 내가 살아 있기 때문에 온전한 나의 삶을 정리한다는 것은 원천적으로 불가능하다. 내가 죽고 나면 그때는 나의 삶을 정리해서 기록할 수 있다. 하지만 내가 나의 삶을 죽고 나서 기록할 수는 없지 않은가? 누군가 죽고 나면 드디어 그, 또는 그녀의 삶은 역사가 되고 역사는 정리되어 남은 자들에게 유산으로 남는다. 이것이 전기(傳記)가 될 것이다. 국가의 삶이 아닌 개인의 삶을 정리한 것, 그것이 전기이다. 나의 삶이지만 내가 기록할 수 없는 것, 그래서 객관화되어 보고되는 것, 이것이 바로 전기이다.

회계라는 정보체계는 하부에 복식부기가 든든히 받쳐주고 있다. 복식부기를 구체적으로 장부에 기록하는 행위가 분개이다. 분개는 일상의 거래 혹은 경제적 사건을 기록하는 행위이다. 개인이 그날그날 하루의 일과를 성찰하고 정리하듯이 기업의 하루 일과를 경제적 사건의 관점에서 성찰하고 기록하는 것이 분개이다.

우리가 일기를 쓸 때 아무 종이에나 대충 낙서하듯이 기록할 수도 있지만, 나름 예쁘고 깔끔한 공책 하나를 마련하여 지속적으로 써나가기도 한다. 보통의 경우 일기장은 메모지나 수첩과는 다른 '일기'만을 위한 기록공간을 이용한다.

기업 역시 일상의 거래를 기록하는 분개를 '분개장'이라는 별도의 기록공간을 이용하여 작성한다. 일상의 거래를 기록하고 나면 그 기록들을 정리하여 현재의 재무상태를 파악하는 단계가 있어야 한다. 하루 중 저녁이나 일주일을 마감하는 주말에, 아니면 한 달에 한 번 매월 말에는 지금까지의 모든 거래기록인 분개를 정리하여 정보를 요약할 필요가 있다. 기업은 지속적이고 계속적으로 영업활동을 영위하지만, 개별 영업활동의 결과에 대한 즉 지금까지의 거래 중 경제적 사건이 완료된 확정적 사건에 대한 정리가 필요하다. 이처럼 기업이 분개를 정리하여 요약하는 행위가 전기(轉記)이다.

분개장의 내용을 원장(元帳, General Ledger)에 옮기는 행위가 바로 전기(轉記)—장부를 옮겨 기록하는 것—이다. 분개가 일상의 기록인 일기장이라면 원장(General Ledger)은 역사의 기록인 전기(傳記)로 해석해도 좋을 것이다. 분개장에서 원장으로 옮겨 기록(전기, 轉記)하지 않으면 회계정보는 그 역할을 제대로 수행할 수 없다. 전기(轉記)하지 않은 일상의 기록은 빛이 스며들지 않은 어두운 동굴 그 자체이다. 나열되어 있는 것은 정보로 인지되기 힘들다. 개인의 죽음이 모두 역사가 되지 못하는 것과 같다. 개인의 삶이 전기(傳記)로 기록되어야 역사로 남게 되듯, 분개장의 기록이 원장으로 옮겨져야 회계정보로 재탄생할 수 있다. 그래서 전기(轉記)는 어둠의 세계를 빛의 세계로 인도하는 전기(電氣)불과 같다.

앞서 아파트라는 자산을 구입하는 예를 떠올려보자. 어떤 맞벌이 부부가 7년간 적금으로 모은 1억 8천만 원을 가지고 은행에서 추가로 1억 2천만 원을 대출받아 드디어 3억짜리 아파트 한 채를 구입하였다. 아내는 처음으로 생긴 '우리 집'에 왈칵 눈물을 쏟아냈을지도 모른다. 이사를 하고 집 정리를 끝낸 아내는 다시 한번 왈칵 눈물을 쏟아낼 것이다. 아……, 1억 2천만 원과 이자를 언제 다 갚을까 싶어서 말이다.

어쨌든 그 부부의 일상을 기록해보자. 처음 아파트를 구입했을 당시의 기록이다.(분개 ①)

(차)	아파트	300,000,000	(대)	자본금	180,000,000
				차입금	120,000,000

그 후 1년 뒤 4천만 원의 은행대출을 현금으로 상환하였다.(분개 ②)

(차)	차입금	40,000,000	(대)	현금	40,000,000

다시 1년 뒤, 3천5백만 원을 은행예금 통장에서 이체하여 갚았다.(분개 ③)

(차)	차입금	35,000,000	(대)	당좌예금	35,000,000

자, 이제 남아 있는 부채는 얼마일까? 1억 2천만 원의 대출금 중 4천만 원을 상환하고 다시 3천5백만 원을 추가로 갚았으니 당연히 4천5백만 원이 될 것이다. 위 분개에서도 이것이 쉽게 파악될까? 물론 차변과 대변의 차입금 계정을 쫓아가면 계산이 불가능하지는 않다. 그러나 한눈에 알아볼 만큼 정리가 되지는 않는다. 기업의 경우 하루에도 수십, 수백 건의 거래가 일어나는데 그 기록들을 특정 계정과목만을 찾아 눈으로 훑어서 차변과 대변을 대조하여 잔액을 확인하기란 대단히 어려운 일이다. 그러면 차입금 계정만 따로 떼어서 정리를 해보자.

차입금(부채)

40,000,000	120,000,000
35,000,000	
기말 잔액 45,000,000	
120,000,000	120,000,000

위 차입금 계정을 살펴보면, 처음 은행대출 때문에 발생한 부채인 차입금 120,000,000원이 대변에 분개되어 있다.(분개 ① 참조) 대변의 차입금 120,000,000원을 계정별로 정리해놓은 장부(원장)의 차입금 페이지를 찾아 대변에 분개의 금액 120,000,000원을 그대로 적으면 된다. 다음 분개 ②에서 나타난 차변의 차입금 40,000,000원을 역시 원장의 차입금 페이지에 그대로 기록한다. 마지막으로 분개 ③에서 기록된 차변의 차입금 35,000,000원을 동일한 방법으로 원장의 차입금 페이지에 기록하였다. 이제 회계등식에 의해 차변과 대변의 합계를 맞추는 작업을 마무리하면 마감이 된다. 대변은 분개 ① 이외에는 차입금이 나타나지 않으므로 대변의 합은 120,000,000원이다. 차변의 경우 분개 ②와 분개 ③에서 각각 차입금이 나타나기 때문에 이들을 모두 합하면 75,000,000원이 된다. 그러나 차변과 대변은 항상 등식을 성립시켜야 하므로 120,000,000원이 되기 위해서는 차변에 45,000,000원이 있어야만 한다. 이 금액이 바로 현재 남아 있는 차입금의 잔액, 즉 마감시점의 기말잔액이 되는 것이다.

이처럼 분개장의 기록만으로는 개별 계정과목의 시간별 거래내역은 쉽게 알 수 있지만 해당 계정과목의 현재 잔액을 파악하기는 힘들다. 따라서 개별 계정과목의 특정 시점의 현재 잔액을 쉽게 알 수 있도록 계정별 원장으로 옮겨 기록(전기, 轉記)하는 작업이 필요하다.

새는 날개로 삶을 지탱할 것 같지만 사실 새들의 삶의 터전 역시 하늘이 아니라 땅이다. 우리는 가끔씩 그들의 삶이나 죽음 모두가 지상에서 이루어지고 있다는 사실을 잊곤 한다. 마찬가지로 회계에 있어

분개만 신경 쓰다 보면 전기의 중요성을 잊을 때가 있다. 그러나 재무제표를 완성할 수 있게 하는 그 본질은 분개장에서 원장으로 옮기는 전기(轉記)에 있음을 유념해야 한다. 전기가 온전히 이루어져야 기말잔액을 산출할 수 있고, 산출된 기말잔액이 정확해야 재무제표가 온전할 수 있다.

운명적 만남

세상에 존재하는 모든 운명은 주어지는 것이 아니라 만들어가는 것이 아닐까? 스스로 움직일 수 없는 나무조차도 어디에 뿌리를 내렸는가보다는 어떻게 살아남아 자신의 꽃과 씨앗을 뿌리는가가 그 나무의 운명을 결정짓는다. 어떤 종류의 삶을 사는가는 오로지 스스로의 몫인지도 모른다.

기업도 마찬가지다. 금융업으로 혹은 제조업으로, 또는 도·소매업으로 존속해나갈 때 어떠한 모습으로 발전해갈지는 오로지 그 기업의 능력과 기업이 만들어가는 스스로의 운명에 달려 있다.

사람 또는 기업이 어떠한 벽을 뚫고 문을 만들어 가는지가 바로 개인 혹은 기업의 운명이며 거시적으로는 역사가 될 것이다.

하지만 전제조건, 즉 태생적 원동력은 분명히 다르게 존재할 것이다. 모두 똑같지는 않다. 아니, 모두 똑같을 수는 없다. 회계의 계정과 목도 때로는 태생적 바탕을 규정해놓고 다루어지기도 한다. 그 본바탕에 대한 이해가 있다면 자신의 한계와 극복 방안이 나올 수 있듯이 업종에 따른 기본바탕을 알고 있으면 회계의 기본 절차들이 훨씬 쉽게 이해될 것이다.

기업의 종류에 따라 특정 경제적 사건(거래)의 계정과목이 운명처럼 정해져버린다. 기업은 크게 세 가지 유형으로 분류할 수 있다.

첫째, 서비스의 제공을 통해 수익을 달성하는 서비스업이 존재한다.

둘째, 완성된 재화를 구입해서 이를 소비자에게 되파는 상품매매업이 있다. 일반적인 소매업을 연상하면 된다. 완성된 제화를 상품매매업에서 취급하면 제품이라 하지 않고 상품이라 부른다.

셋째, 재화를 직접 제조하여 판매하는 제조업이 있다. 상품매매업에서 다루는 계정이 상품이라면 직접 만들어 파는 제조업의 입장에서는 완성된 재화를 제품이라 부른다. 제조업은 자가제조하므로 완제품에 이르기까지 원료나 재공품의 상태로 재고가 존재할 수도 있다. 따라서 제조업은 재고(자산)도 제품(재고)과 재공품(재고)을 구별한다.

이처럼 기업이 궁극적으로 어떤 행위를 통해 수익을 달성하느냐에 따라 기록대상의 명칭을 구별하여 작성한다. 업종에 따른 계정과목 중 구별대상이 되는 항목은 다음과 같다.

(1) 서비스업 : 용역수익(영업수익) → 미수수익, 선수수익

		서비스업	
		자산	수익
수익	영업수익	미수수익	용역수익(영업수입)
	영업외수익	미수금	이자수익, 임대료 등
		비용	부채
비용	영업대상	×	×
	영업대상외	급여, 이자 등	미지급비용

　　서비스업은 실체가 존재하는 영업대상자산이 없다. 단지 서비스라는 무형의 것(실체가 보이지 않는 것)을 제공하고 그에 대한 대가를 받는 형식으로 수익을 달성하므로, 무형의 것에 대한 비용은 본질적으로 서비스를 제공하는 데 투하된 기타의 것(영업대상 이외의 것)들의 합으로 설명가능하다.

(2) 상품매매업 :

상품의 판매매출액 → 매출채권(외상매출금), 매입채무(외상매입금)

		상품매매업	
		자산	**수익**
수익	영업수익	매출채권	매출액
	영업외수익	미수수익, 미수금	이자수익, 임대료 등
		비용	**부채**
비용	영업대상	매출원가	매입채무
	영업대상외	급여, 이자 등	미지급비용

상품매매업의 영업대상자산은 상품이 된다. 상품을 팔 때(매출이 일어날 때) 수익이 달성되며, 그때의 수익은 매출액으로 인식하고 외상거래에 의한 매출을 매출채권(외상매출금)이라 한다. 또한 상품을 사올 때(매입할 때) 외상거래가 일어나면 매입채무로 기록하고, 해당 상품의 매출이 일어날 때 그 상품의 구입가격이 바로 매출원가라는 비용이 되는 것이다.

영업대상인 상품 이외의 것들과 관련된 비용에 매입채무나 매출원가를 사용하지 않는다. 즉 매출액과 관련되는 상품에 매출원가를 대응시킬 수 있고, 매입되는 상품에 대해 매입채무를 대응시킬 수 있다. 영업대상 이외의 비용항목에 대한 외상거래는 미지급비용으로 기록한다.

(3) 제조업 :

제품의 판매매출액 → 매출채권(외상매출금), 매입채무(외상매입금)

		제조업	
		자산	수익
수익	영업수익	매출채권	매출액
	영업외수익	미수수익, 미수금	이자수익, 임대료 등
		비용	부채
비용	영업대상	매출원가	매입채무
	영업대상외	급여, 이자 등	미지급비용

　제조업의 영업대상자산은 제품이 된다. 제품은 제조과정에서 발생하는 모든 비용 중 팔려나가는 제품에 투하된 제조비용이 매출원가가 되며, 판매가 이루어지지 않고 남은 제품에 투하된 제조비용은 재고자산으로 인식된다. 제품의 매출 역시 매출액이라는 수익으로 인식되며, 외상거래에 의한 매출을 매출채권(외상매출금)이라 한다. 또한 제품을 제조하기 위해 필요한 원재료 등을 사올 때(매입할 때) 외상거래가 일어나면 매입채무로 기록한다. 제조업 역시 영업대상인 제품 이외의 것들과 관련된 비용에 매입채무나 매출원가를 사용하지 않는다. 즉 매출액과 관련되는 제품에 매출원가를 대응시킬 수 있고, 매입되는 원재료 등에 대해 매입채무를 대응시킬 수 있다. 영업대상 이외의 비용항목에 대한 외상거래는 미지급비용으로 기록한다.

세 종류의 분개(분개, 수정분개, 마감분개)

-회계순환의 처음과 끝 : ① 분개

삶이 그대를 속일지라도 분개는 현실의 거래를 속이거나 왜곡해서는 안 된다. 지금의 경제적 사건에 대한 기록은 다시 부메랑이 되어 돌아오게 된다. 회계순환의 처음인 분개! 비록 순간적이고 슬픈 현실일지라도 훗날 소중하게 된다. 믿어라, 기말의 순간이 오면 기중 분개가 얼마나 중요한지 깨닫게 될 것이다.

회계보고는 재무제표를 통해 완성된다. 재무제표란 회계순환과정을 거쳐서 만들어진 최종 보고서를 일컫는다. 회계순환과정은 크게 세 종류의 분개를 함으로써 마무리된다고 해도 과언이 아니다. 첫 번째 유형의 분개가 바로 일상적 회계거래를 기록하는 장치, 바로 그 분개이다. 두 번째 유형의 분개는 매 기말, 기업이 결산(closing)을 할 때 기중 거래내역을 올바르게 정산할 필요성이 있는 항목에 대해서 새롭게 수정하는 분개로서 이를 수정분개 혹은 (결산)정리분개라고도 부른다. 마지막으로 최종 재무보고서를 완결시키면서 이루어지는 마감분개가 있다.

회계순환과정을 도시하면 다음과 같다.[13]

<그림 1> 회계순환과정

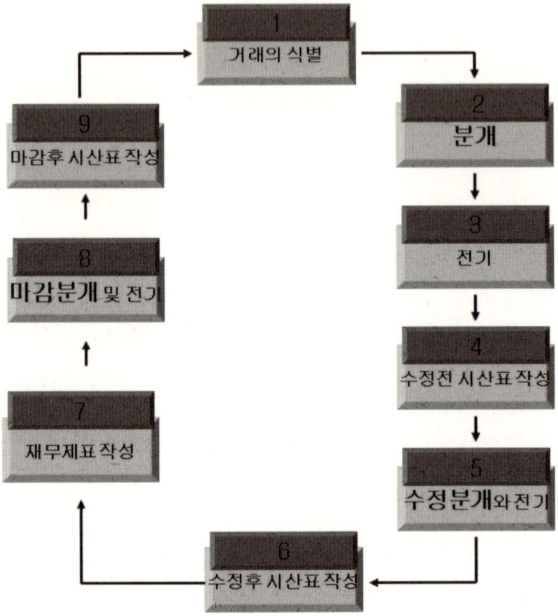

분개에 대한 사항부터 수정분개, 마감분개에 이르기까지 예제를 가지고 설명을 전개하고자 한다. 먼저 분개와 전기에 대한 이야기부터 시작해보자.

---

13) 정혜영·김정교,『새로운 회계원리』, 산문출판, 2012, 163쪽, <그림 4-1> 인용.

종합예제

태산크리닝은 세탁용역을 목적으로 20×7년 5월 1일 설립되었다. 설립 후 발생한 거래는 다음과 같다. 회계기간은 5월 1일부터 5월 31일까지의 1개월이다.

- 1일, 보통주(액면가액: 500원) 800주를 액면발행하고 현금 400,000원을 수취하였다. 수취한 현금 중 350,000원을 거래은행의 당좌예금계좌에 예입하였다.
- 2일, 세탁기계 90,000원을 외상으로 구입하고 대금은 6개월 후에 지급하기로 합의하였다.
- 3일, 1년치 화재보험료 18,000원을 현금으로 지급하였다.
- 4일, 소모품 30,000원을 외상으로 구입하였다.
- 5일, 세탁물 운송용 트럭을 380,000원에 구입하고, 이 중에서 80,000원은 수표를 발행하여 지급하고 잔액은 3개월 후에 지급하기로 합의하였다.
- 6일, 5월분 사무실 임차료 36,000원을 수표를 발행으로 지급하였다.
- 8일, 트럭에 대한 유류대금 4,000원을 현금으로 지급하였다.
- 10일, 5월 중 제공한 세탁용역의 대금으로 240,000원을 청구하였다.
- 12일, 5월 2일에 발생한 지급채무 90,000원을 수표를 발행으로 지급하였다.

- 15일, 5월분 전기료 및 가스료 4,000원과 수도료 1,000원을 현금으로 지급하였다.
- 18일, 5월분 광고선전비 8,000원에 대한 청구서를 받았다.
- 21일, 5월분 종업원 급여 63,000원을 회사의 당좌예금계좌에서 종업원 은행계좌로 이체하였다. 이때 종업원 급여에 대한 근로소득 원천징수세금 500원과 각종 보험에 대한 기관부담금 총 700원(국민연금 300원, 의료보험 300원, 고용보험 100원)이 존재한다.
- 24일, 5월 10일에 청구한 용역대금 중 150,000원을 현금으로 회수하여 거래 은행의 당좌예금계좌에 예입하였다.
- 26일, 거래처에 대한 접대비로 5,400원을 현금으로 지급하였다.
- 28일, 전화요금, 인터넷 사용료 등으로 6,000원을 현금으로 지급하였다.
- 31일, 월말 현재 시점에서 소모품을 실사한 결과 10,000원이 남아 있다.

  5월 3일에 지급한 1년치 보험료 18,000원 중 5월분 1,500원을 당기비용으로 기록하였다.

  5월 21일 발생한 종업원 급여에 대한 근로소득 원천징수세금 등 각종보험에 대한 회사부담금을 현금으로 지불하였다.

이제 기중(5월 동안) 발생한 경제적 사건들을 기록하는 첫 번째 유형인 분개를 해보자.

(1) 분개

5월 1일 태산크리닝의 설립일에 발생한 사건의 기록이다.

(차)	현금 당좌예금	50,000 350,000	(대)	자본금	400,000

즉, 보통주 자본금 400,000원으로 태산크리닝이 설립되었고 이 자본금 중 일부는 은행통장에 입금하였으며, 일부를 현금으로 사무실에 보관하고 있다는 의미이다.

5월 2일 세탁기계구입과 관련한 경제적 사건을 기록하면 다음 분개와 같다.

(차)	기계	90,000	(대)	미지급금	90,000

세탁기계 90,000원짜리를 구입하였으나 대금은 지불하지 않고 외상으로 구매하였다는 뜻이다. 기계는 태산크리닝 입장에서 영업대상이 아니라 태산크리닝이 사용목적으로 구입한 것이므로 미지급금으

로 기록하여야 한다.[14)

5월 3일 화재보험료에 대한 기록은 두 가지 형식을 취할 수 있다.

①

(차)	선급화재보험료	18,000	(대)	현금	18,000

화재보험료를 미리 지급하였다는 의미이다. 즉 현금으로 지불된 18,000원이 모두 당기(5월) 비용이 아님을 뜻한다. 반면 다음과 같이 분개를 하면 다른 의미로 해석된다.

②

(차)	화재보험료	18,000	(대)	현금	18,000

이는 당기 비용으로서의 화재보험료를 현금으로 지불하였다는 의미로 해석된다.

---

14) 태산크리닝은 기계를 팔아서 돈을 버는 게 목적인 회사가 아니다. 만약 태산크리닝의 영업활동이 기계를 판매해서 수익을 창출하는 것이라면 기계(자산증가)에 대응되는 대변항목은 미지급금이 아니라 매입채무가 되어야 한다. 미지급금이나 매입채무는 모두 부채의 속성을 가지지만 미지급금으로 기록되는 차변항목 기계는 비영업대상 자산으로 인식해야 하고, 매입채무로 기록되는 차변항목 기계는 영업대상 자산이 됨을 의미한다. 기계라는 자산을 구입(차변항목)했으나 그것이 어떠한 의미에서 구입되는지를 진실보고 하기 위해서는 대변에 어떤 이름(계정과목, 즉 미지급금인지 매입채무인지 등)으로 기록하느냐에 따라 다르게 해석된다. 이에 대해서는 '운명적 만남' 편에 상세히 기술되어 있다. 다시 한 번 확인해보기 바란다.

어떤 형식으로 기록해도 상관은 없다. 그러나 위 두 가지 기록방법은 모두 5월 말의 입장에서 다시 진실보고를 인식해야 하는 상황이다. 즉, 당기(5월)의 순수 화재보험료 비용은 1년치가 아니라 1개월분에 한한다. 따라서 1개월분의 화재보험료만을 당기 비용으로 기록하고 나머지는 잔여기간에 대한 선급분임을 재인식해야 할 필요성이 제기된다. 이는 기말에 반드시 수정분개(두 번째 유형의 분개)를 해야 함을 의미한다. 5월 3일의 거래에 대해서는 어떤 형식을 취하든 문제가 되지 않지만, 기말 수정분개의 내용이 달라지므로 하나를 선택해서 일관되게 기록할 필요성이 있다. 이와 관련한 내용은 수정분개에서 다시 한 번 더 설명하고자 한다. 지금은 ①의 방식으로 5월 3일의 거래를 기록하는 것으로 가정한다.

5월 4일 소모품 구입에 대한 분개는 다음과 같다.

(차)	소모품	30,000	(대)	미지급금	30,000

소모품 30,000원치를 구입하였으나 모두 외상으로 구매하였다는 뜻이다. 5월 2일의 거래와 유사한 상황이다. 단, 구입품목이 다르므로 거래를 기록하는 이름(계정과목)이 다를 뿐이다.

5월 5일 세탁물 운송용 트럭 구입에 대한 분개는 다음과 같다.

(차)	차량운반구	380,000	(대)	당좌예금	80,000
				미지급금	300,000

380,000원짜리의 트럭을 구입하였으나 80,000원만 구매시점에 대금지급이 이루어졌고 나머지 300,000원은 외상으로 처리하였다는 의미이다. 80,000원에 대한 대금지불도 현금이 아닌 수표(혹은 계좌이체)로 이루어졌음을 뜻한다.

5월 6일 당기분(5월) 임차료 지급에 대한 거래는 다음과 같이 기록된다.

(차)	임차료	36,000	(대)	당좌예금	36,000

당기분(5월) 임차료를 현금이 아닌 수표(혹은 계좌이체)로 지불하였음을 나타낸다. 만약 36,000원 모두가 5월분 임차료가 아니라면 차변에 선급임차료로 기록하여야 한다. 예를 들어 5월과 6월에 대한 임차료(두 달치 임차료)를 한꺼번에 수표 발행하여 지급하였다면, 차변은 임차료가 아닌 선급임차료 36,000원이어야 하며, 대변은 변동사항이 없다. 이 경우 선급보험료와 마찬가지로 기말(5월 말) 수정분개를 통해 순수 5월분 임차료(18,000원)에 대한 진실보고를 해야 한다.

5월 8일 트럭에 대한 유류대금 지급에 관한 기록은 다음과 같다.

(차)	유류비	4,000	(대)	현금	4,000

트럭에 대한 유류대금(기름값)은 태산크리닝 입장에서 비용으로 처리해야 할 항목이다. 따라서 유류비라는 비용항목으로 기록한다.

5월 10일 세탁물에 대한 세탁용역을 해주고 영수증을 청구한 거래의 기록이다.

(차)	미수수익	240,000	(대)	용역수익	240,000

세탁물에 대한 세탁서비스, 즉 용역을 제공하는 것이므로 매출채권(외상매출금)이라는 계정과목보다 미수수익으로 기록하는 게 타당하다.[15] 그리고 용역을 제공한 후 현금이나 수표를 받게 되면 미수수익으로 기록하면 안 된다. 미수수익이란 수익활동이 이루어졌음에도 대금을 받지 못한 외상거래를 의미하기 때문이다. 만약 영수금액 240,000원을 현금으로 받았다면 5월 10일의 거래는 다음과 같이 분개하는 것이 타당하다.

---

15) '운명적 만남' 편에 상세히 기술되어 있음

〈비교〉

(차)	현금	240,000	(대)	용역수익	240,000

5월 12일 기계 외상대금 상환에 대한 기록은 다음과 같다.

(차)	미지급금	90,000	(대)	당좌예금	90,000

　지난 5월 2일 외상으로 구입한 기계에 대한 외상대금을 현금이 아닌 수표(혹은 계좌이체)로 지불하였으므로 더 이상 기계의 외상구입으로 생긴 부채(미지급금)는 없다. 부채항목이 차변에 오게 되면 차변 금액만큼의 부채를 갚았다는 의미가 된다. 물론 부채를 갚기 위해 사용한 자산(당좌예금) 역시 감소하게 된다. 자산은 대변에 기록되면 해당 금액만큼 소멸됨을 뜻한다.

　5월 15일 전기, 가스, 수도 등 각종 비용지불에 대한 기록은 다음과 같다.

(차)	수도광열비	5,000	(대)	현금	5,000

　전기, 가스, 수도에 대한 비용을 개별적으로 인식해도 되지만, '수도

광열비'로 묶어 비용처리해도 아무 상관없다.[16] 이들 비용에 대한 대금은 현금으로 지불했음을 인식하는 분개이다.

5월 18일 광고선전비에 대한 청구서를 받았음을 인식하는 분개는 아래와 같다.

(차)	광고선전비	8,000	(대)	미지급비용 (미지급광고선전비)	8,000

광고선전비에 대한 비용을 지불하였다면 15일 발생한 비용지불 거래와 마찬가지로 대변에 현금 등으로 기록하면 되지만, 청구서만 받은 상황이라면 광고선전비를 납부해야 할 의무가 생긴 것으로 보아야 한다. 즉, 아직 비용지불이 이루어지지 않았음을 인식하는 분개가 필요하다. 이러한 경우 비용항목에 대한 미지급이므로 대변에 지불해야 할 의무, 즉 부채를 기록하게 된다. 따라서 미지급비용 금액만큼 부채가 증가한다.

5월 21일 종업원 급여와 각종 보험과 세금에 대한 원천징수 사항에

---

16) 경제성 원칙에 따라 사고해보자. 비슷한 부류는 개별처리하기보다 단일이름으로 묶어 처리하는 것이 오히려 간편하다. 그리고 중요성 측면에서 그렇게 중요하다고 판단되지 않는다면 단일이름으로 통칭해서 처리해도 진실보고나 의사결정에 전혀 문제가 없다. 회계상 중요하다는 의미는 금액이 큰 경우나, 특정 의사결정에 영향을 미치는 경우이다.

대한 기록이다.

(차)	급여	63,000	(대)	당좌예금	61,800
				소득세예수금	500
				국민연금예수금	300
				의료보험예수금	300
				고용보험예수금	100

　기업에서 지급하는 종업원에 대한 급여는 63,000원이지만, 실
질적으로 종업원이 수령하는 금액은 근로소득세 원천징수액 500
원, 국민연금 개인부담금 300원, 의료보험 개인부담금 300원, 그리
고 고용보험 개인부담금 100원 등을 제하고 나면 61,800(즉 63,000-
1,200=61,800)원이 된다. 반면 기업은 종업원에게 63,000원의 급여를
비용으로 지불하지만 개인이 납부해야 할 각종 세금과 공과금 1,200
원을 보관하고 있다가 월말에 세무서 등에 대신 납부하는 절차를 밟
는다. 따라서 기업은 급여일에 종업원이 납부해야 할 1,200원을 임시
로 보관하고 있음을 기록하였다가 실질적으로 세금납부가 이루어지
는 시점에 이를 다시 기록해야 한다.(기말 수정분개 사항에 해당한다.)
이럴 때 사용하는 계정과목이 바로 예수금이 된다.

　5월 24일 지난 10일 외상으로 세탁해준 세탁물에 대한 대금회수는
다음과 같이 기록한다.

(차)	현금	150,000	(대)	미수수익	150,000
	당좌예금	150,000		현금	150,000

이 거래는 외상으로 용역을 제공한 대가를 현금으로 받은 후, 이를 다시 은행계좌에 입금했음을 의미한다. 결과적으로 기업은 현금을 가지고 있지 않은 상태이다. 따라서 아래와 같이 하나의 분개로 기록해도 상관없다. 분개의 본질은 경제적 사건의 진실보고이며 동일한 결과를 보고할 수 있다면 어떻게 기술하더라도 인정받을 수 있다.

(차)	당좌예금	150,000	(대)	미수수익	150,000

5월 26일 접대비 처리에 대한 분개는 다음과 같다.

(차)	접대비	5,400	(대)	현금	5,400

영업비용[17] 중 접대비 항목으로 5,400원을 현금으로 사용했음을 보고하는 기록이다.

5월 28일 각종 통신(전화, 인터넷 등)요금에 대한 기록은 다음과

---

17) 제조비용이 아닌 영업비용은 흔히 판관비라 불리는 판매 및 일반관리비를 뜻한다.

같다.

| (차) | 통신비 | 6,000 | (대) | 현금 | 6,000 |

  5월 31일 소모품에 대한 실지재고조사 결과, 재고로 남아 있는 소모품에 대한 회계처리는 궁극적으로 당기(5월)에 사용한 소모품비용에 대한 기록이다. 따라서 이는 기말 수정분개 사항에 해당한다. 그리고 5월 3일에 지급한 선급보험료 중 5월분에 해당하는 보험료 1,500원에 대한 기록 역시 기말 수정분개 사항에 해당한다. 그리고 5월 종업원 급여에 대한 원천징수세금 및 각종 보험료 부담금 지불에 대한 내용도 수정분개를 통해 조정할 수 있다. 따라서 이들에 대한 분개는 수정분개를 통해 다시 설명할 것이다.

  이로써 기중에 발생한 모든 경제적 사건과 관련된 회계처리, 즉 분개는 모두 이루어졌다. 해당 경제적 사건을 진실되게 보고하는 절차가 분개이므로, 있는 그대로 그 사건을 가장 정확하게 설명할 수 있는 이름을 찾아 증가 혹은 감소된 금액만큼 증가방향 혹은 감소방향을 지시하는 자리(차변 혹은 대변)에 기록해주기만 하면 된다. 분개, 어렵지 않아요!

(2) 전기

분개가 모두 이루어졌으면 드디어 이를 각 계정별로 모아 잔액을 확인하는 절차를 밟아야 한다. 분개를 하기 위한 기록장소가 '분개장'이라는 장부라면 각 계정별로 분류해서 모아놓은 장소가 '총계정원장'이라는 장부이다. 분개장에서 총계정원장으로 옮겨 쓰는 절차가 바로 전기이다. 이제 해당 분개를 계정과목별로 옮겨보자.(전기를 해보자.)

먼저 분개장에 나타난 '현금' 계정에 대한 거래를 분석하여 모아보자.

현금이 나타나는 거래는 5월 1일, 3일, 8일, 15일, 26일, 28일이다. 각 날짜별로 현금이 기업으로 유입되었다면 현금이 증가한 것이므로 차변에 기록될 것이고, 현금이 지급(유출)되었다면 현금이 감소한 것이므로 대변에 기록되었을 것이다. 이를 한 곳에 발생한 순서대로 기록하는 것이 바로 전기이다. 현금에 대한 전기를 차변과 대변에 기록하여 정리하면 다음과 같다.

현금

5/1	50,000	5/3	18,000
		5/8	4,000
		5/15	5,000
		5/26	5,400
		5/28	6,000

　이제 기말(5월 31일)이 되면 기업이 보유하고 있는 현금의 잔액을 파악해야 한다. 이때 복식부기의 장점이 발휘되는 순간이 온다. 현금은 자산의 한 구성요소이므로 자산의 속성을 가진다. 따라서 현금이 차변에 기록되어 있는 만큼 유입된 혹은 증가된 금액을 의미하고, 대변에 기록되는 금액만큼 유출되어 소멸한 금액이다. 따라서 차변의 총합에서 대변의 총합을 차감하면 남는 잔액 즉, 기말에 기업이 보유하고 있는 현금잔액이 된다. 위 전기한 현금의 차변합은 50,000이고 대변합은 38,400(18,000+4,000+5,000+5,400+6,000)이므로 현금잔액은 11,600이 된다. 실질적으로 현금 11,600원만큼 기업이 보유하고 있으므로 11,600은 차변에 잔액이 남게 된다. 하지만 전기를 통해 이를 표시할 때 차변합과 대변합을 맞추는 과정을 이용하게 되므로 기말잔액은 대변에 표시된다. 이는 복식부기의 표현방식 때문에 나타나는

현상이다. 차변과 대변은 언제나 일치하도록 나타내는 것이 복식부기의 특징 중 하나이다. 비록 현금의 기말잔액이 대변에 표시된다 하더라도 이는 표현양식에 의한 것이지 본질은 차변에 남아 있음을 기억하기 바란다.

지금까지 설명한 절차를 거쳐 최종적으로 전기한 현금계정은 다음과 같이 나타낼 수 있다.

현금(자산)

5/1	50,000	5/3	18,000
		5/8	4,000
		5/15	5,000
		5/26	5,400
		5/28	6,000
		5/31 기말	**11,600**
	50,000		50,000

차변　50,000 = 대변　38,400 +11,600

5월 31일로 표현된 금액이 바로 기말잔액을 의미한다. 차변은 유입된 현금 50,000을 나타내고 대변은 지출된 현금 38,400과 기말 현재 남아 있는 잔액 11,600의 합으로 구성된다. 따라서 차변의 합과 대변의 합은 언제나 일치하는 복식부기의 기술원칙이 지켜지게 된다. 기말잔액 11,600원은 다음 달(6월 1일) 기초잔액이 된다.[18] 결국 회계순환과정을 통해서 매기 같은 방법으로 반복되는 셈이다.

자산의 속성을 요약해서 설명하면 다음과 같다.[19]

〈자산〉

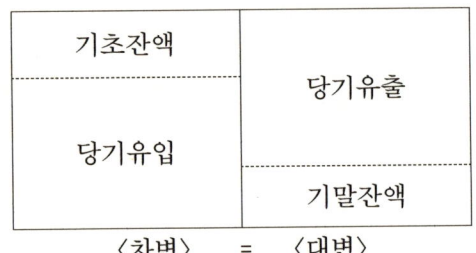

〈차변〉 = 〈대변〉
기초잔액(재고)+당기유입 = 당기유출+기말잔액(재고)

이제 현금과 유사한 자산항목들을 차례로 전기해보자.

당좌예금의 경우 거래가 발생한 날짜는 5월 1일, 5일, 6일, 12일, 21일, 24일이다. 당좌예금이 유입된 즉 기업의 당좌예금잔고가 늘어난

---

18) 이번 기의 기말잔액과 다음 기(차기)의 기초잔액은 동일하지만 당해(혹은 이번 기)의 기초잔액과 당해의 기말잔액은 일치하지 않는 게 일반적이다. 차변의 합과 대변의 합이 동일하다는 원칙을 통해 이번 기말의 잔액(혹은 기말재고)를 찾을 뿐이다. 우연히 같을 수는 있지만, 그것은 말 그대로 우연일 뿐이다.

19) 본 〈종합예제〉는 5월 1일 태산크리닝이 창업한 것으로 가정하였기 때문에 모든 항목의 기초잔액이 존재하지 않는다. 기업이 영업활동을 지속적으로 영위하게 되면서 기초잔액과 기말잔액이 존재하게 되는 것이다.

것으로 분석되면 차변에 반대로 당좌예금의 통장잔액이 줄어든 거래
는 대변에 기록하면 된다. 거래가 일어난 순서대로 기록한 후 기말 당
좌예금 잔액을 파악하기 위해 차변합과 대변합을 일치시키는 복식부
기 기술방식을 활용한다. 이렇게 실시한 당좌예금에 대한 전기를 마
치면 다음과 같이 기말잔액이 231,000원임을 알 수 있다.

당좌예금(자산)

5/1	350,000	5/5	80,000
5/24	150,000	5/6	36,000
		5/12	90,000
		5/21	63,000
		5/31 기말	**231,000**
	500,000		500,000

차변 500,000 = 대변 269,000 + 231,000

자산항목들은 모두 동일한 속성을 가진다. 따라서 위 현금 및 당좌
예금과 같은 절차를 거쳐 기말 잔액을 분석할 수 있다. 나머지 모든
자산항목들을 전기하면 다음과 같다.[20]

---

20) 소모품과 선급화재보험료는 수정분개 사항이므로 수정분개를 설명하는 부분에서 이
들 계정에 대한 전기를 다시 설명할 것이다.

미수수익(자산)

5/10	240,000	5/24	150,000
		5/31 기말	**90,000**
	240,000		240,000

선급화재보험료(자산)

5/3	8,000	**5/31 기말**	**18,000**
	18,000		18,000

소모품(자산)

5/4	30,000	**5/31 기말**	**30,000**
	30,000		30,000

기계장치(자산)

5/2	90,000	**5/31 기말**	**90,000**
	90,000		90,000

차량운반구(자산)

5/5	380,000	**5/31 기말**	**380,000**
	380,000		380,000

이제 부채항목에 대한 전기를 살펴보자. 부채는 자산과 반대로 기업의 입장에서 갚아야 할 의무, 즉 부채가 증가하면 대변에 기록하게 되고, 부채를 상환하여 부채가 줄어들게 되면 이를 차변에 기록하게 된다. 즉, 증가와 감소의 방향이 자산의 기록과 완전히 반대이다. 따라서 대변의 합에서 차변의 합을 차감하면 부채의 기말 잔액을 파악할 수 있게 된다. 위 〈종합예제〉에 나타난 부채항목의 거래를 확인해보자.

5월에 발생한 미지급금에 대한 분석을 실시하면, 5월 2일, 4일, 5일의 거래는 모두 미지급금이 발생하여 부채가 증가한 거래이며, 5월 12일의 거래는 미지급금의 일부를 상환하여 부채인 미지급금이 줄어든 사건이다. 따라서 기업이 갚아야 할 총 미지급금은 420,000원이지만 90,000원만큼 상환하였기 때문에 기말에 기업이 인식해야 할 부채의 미지급금은 330,000이 된다. 이러한 일련의 과정을 도시하면 다음과 같다.

미지급금(부채)			
5/12 90,000	5/2	90,000	
	5/4	30,000	
	5/5	300,000	

$\Rightarrow$

미지급금(부채)			
5/12	90,000	5/2	90,000
		5/4	30,000
5/31 기말 330,000		5/5	300,000
	420,000		420,000

차변　90,000 + 330,000 = 대변　420,000

　최종적으로 미지급금에 대한 전기는 오른쪽의 그림으로 나타나게 될 것이다. 한 가지 살펴볼 점은 부채의 속성을 가진 계정과목은 자산항목과는 달리, 본질적으로 기말 잔액은 대변항목이지만 표현되는 기말 잔액은 차변에 나타난다는 점이다. 절차나 과정은 자산이나 부채 및 자본 모두 동일하다. 단, 해당 항목의 본질에 있어 증가 혹은 감소 방향에 대한 표시자리가 다르기 때문에 잔액표시도 반대로 나타나는 것뿐이다.

　그 외 부채항목과 자본항목에 대한 전기도 미지급금의 전기와 동일한 절차를 밟게 된다. 이를 도시하면 다음과 같다.[21]

---

21) 부채항목 중 소득세예수금, 국민연금예수금, 의료보험예수금, 고용보험예수금 등은 수정분개사항이므로 수정분개를 설명하는 부분에서 이들 계정에 대한 전기를 다시 설명할 것이다.

미지급비용(미지급광고선전비; 부채)			
5/31 기말	8,000	5/18	8,000
	8,000		8,000

소득세예수금(부채)			
5/31 기말	500	5/21	300
	500		500

국민연금예수금(부채)			
5/31 기말	300	5/21	300
	300		300

의료보험예수금(부채)			
5/31 기말	300	5/21	300
	300		300

고용보험예수금(부채)			
5/31 기말	100	5/21	100
	100		100

자본금(자본)			
5/31 기말	400,000	5/1	400,000
	400,000		400,000

지금까지 재무상태표 구성요소인 자산, 부채, 자본항목에 대한 전기를 설명하였다. 이제는 포괄손익계산서 구성요소인 수익과 비용항목에 대한 전기를 설명하고자 한다. 포괄손익계산서는 기본적으로 재무상태표와 보고 목적이 다르다. 따라서 전기를 하는 큰 그림에서는 유사하지만 기본적으로 차이가 날 수밖에 없다. 먼저 수익항목에 대한 전기부터 살펴보자.

본 〈종합예제〉에서 제시한 수익과 관련된 경제적 사건은 5월 10일 단 한 건뿐이다. 전자제품에 대한 수선이 곧 태산크리닝의 본질적 수익활동으로 보아야 한다. 따라서 태산크리닝의 용역수익이 발생한 5월 10일 분개를 통해 용역수익에 대한 전기를 시행할 수 있다. 그런데 포괄손익계산서는 5월 1일부터 5월 31일까지 일정 기간 동안의 경영성과를 보고하는 것을 목적으로 하는 보고서이므로, 당해 기간에 발생한 모든 수익을 누적해서 보고해야 한다. 특정일의 수익활동에 대한 기말 잔액을 찾는 게 목적이 아니라, 특정 기간 동안의 모든 수익의 합을 기록해야 한다. 단, 수익의 개별 항목별로 모아 기록하는 것이 계정과목별 전기이므로 해당 계정과목별로 발생한 상황을 집계하기만 하면 된다. 따라서 용역수익에 대한 전기는 다음과 같다.

용역수익(수익)

	5/10 240,000

다음으로 비용항목들에 대한 전기절차를 살펴보도록 하자. 비용 역시 포괄손익계산서를 구성하는 항목이므로 수익과 동일한 과정을 거친다. 단, 비용의 발생은 그 자체가 차변에 나타나므로 전기를 하고 나서도 결과는 모두 차변에 존재하게 된다는 점이 수익과 반대이다. 〈종합예제〉에 나타난 모든 비용항목에 대한 계정과목별 전기를 도시하면 다음과 같다.

급여(비용)		임차료(비용)	
5/21	63,000	5/6	36,000

유류비(비용)		수도광열비(비용)	
5/8	4,000	5/15	5,000

광고선전비(비용)		접대비(비용)	
5/18	8,000	5/26	5,400

통신비(비용)	
5/28	6,000

　일상적 거래에 대한 분개와 분개에서 나타나는 각 계정과목별로 원장에 옮겨 쓰는 전기가 끝나면 회계순환과정의 첫 단추는 잘 여민 것으로 봐도 된다. 이제 결산(closing; 마감)을 준비해보자. 회계보고가 궁극적으로 특정 시점에서 나타난 기업의 재무상태를 확인하고 특정 기간 동안 기업의 경영성과를 측정하기 위한 것이므로 이를 나타내기 위해서는 반드시 '결산'이란 절차를 밟아야 한다. 결산을 통해 회계순환과정의 마무리, 즉 종지부를 찍게 되는 것이다.

　회계순환과정은 ①거래의 식별 → ②분개 → ③전기 → ④수정전 시산표 작성 → ⑤수정분개와 전기 → ⑥수정 후 시산표 작성 → ⑦ 재무제표 작성 → ⑧마감분개 및 전기 → ⑨마감 후 시산표 작성의

순으로 이루어진다.[22]

여기에서 기중 일상적 거래에 대한 인식과 기록은 ①→②→③까지의 과정으로 〈종합예제〉에서는 5월 1일부터 5월 30일까지의 경제적 사건을 다루는 셈이다. 5월 31일, 드디어 기말에 이르러 ④~⑨까지의 절차를 수행하게 되는데 이를 결산이라 한다.

회계순환과정 중 ④수정전 시산표는 수정분개 전 시산표를 작성하는 단계를 말한다. 회계기간 중에 발생한 거래는 분개장에 기록된 후 총계정원장에 전기된다. 모든 거래가 적절하게 분개되고 정확하게 전기가 이루어지면, 대차평형의 원리에 따라 모든 계정의 차변합계액과 대변합계액은 일치하여야 한다. 이를 조사하기 위하여 총계정원장의 각 계정 금액을 한 곳에 모은 표를 시산표(trial balance: T/B)라 한다.

시산표는 다양한 형식을 가질 수 있지만, 본 예제에서는 가장 간편한 양식으로 작성하였다. 어떤 형식을 취하든 시산표의 본질은 모든 재무제표 구성요소 즉, 자산, 부채, 자본, 수익, 비용에 대한 계정 금액을 모아놓아 차변의 총합과 대변의 총합이 동일한지를 확인하는 데 있다. 여기서 차변의 합을 구성하는 요소는 재무상태표의 자산 계정과 포괄손익계산서의 비용계정이 되며, 대변의 합을 구성하는 요소는 재무상태표의 부채와 자본계정 및 포괄손익계산서의 수익계정이 된다. 재무상태표 요소인 자산, 부채, 자본 계정은 해당 자리(차변 혹은 대변)에 기말잔액을 기입하면 되고, 포괄손익계산서 요소인 수익과

---

22) 〈그림 1〉 회계순환과정 참조.

비용 계정은 역시 해당 자리(차변 혹은 대변)에 해당 기의 누적금액을 기록하면 된다. 다시 말해 전기를 통해 확인된 잔액 혹은 합산 금액을 하나의 표(시산표)에 재기입하여 분개에서 전기에 이르는 과정에 오류가 없는지를 확인하는 것이다.

시산표의 차변과 대변의 합계액이 일치하지 않을 때에는 분개장의 분개로부터 시산표를 작성할 때까지의 절차를 거슬러 올라가 다음과 같은 불일치의 원인을 밝혀내야 한다. 차변에 전기하여야 할 것을 대변에 전기하였다든지, 차변 또는 대변의 어느 한쪽만이 전기된 경우, 그리고 대차의 어느 한쪽의 금액계산을 잘못한 경우에는 이와 같은 방법으로 시산표에서 그 오류를 발견할 수 있다.

〈종합예제〉를 이용하여 분개와 전기를 마쳤으므로 수정전 시산표를 작성해보자.

다음 표에서 알 수 있듯이 차변과 대변의 합계가 일치하고 있다. 서로 다른 재무제표 요소들을 단지 자리가 같다(차변 혹은 대변)는 이유만으로 모아놓았는데 동일한 결과로 유도된다는 사실이 놀랍지 않은가? 이것이 바로 복식부기의 마법이다.

〈표 3〉 수정전 시산표의 양식

수정전 시산표(잔액 기준)

태산크리닝   20×7년 5월 31일   (단위: 원)

차 변	계 정 과 목	대 변
11,600	현 금	
232,200	당 좌 예 금	
90,000	미 수 수 익	
30,000	소 모 품	
18,000	선급화재보험료	
90,000	기 계 장 치	
380,000	차 량 운 반 구	
	미 지 급 비 용	8,000
	소득세 예수금	500
	국민연금예수금	300
	의료보험예수금	300
	고용보험예수금	100
	미 지 급 금	330,000
	자 본 금	400,000
	용 역 수 익	240,000
63,000	급 여	
36,000	임 차 료	
4,000	유 류 비	
5,000	수 도 광 열 비	
8,000	광 고 선 전 비	
5,400	접 대 비	
6,000	통 신 비	
979,200	합 계	979,200

132

세 종류의 분개(분개, 수정분개, 마감분개)

-회계순환의 처음과 끝 : ② 수정분개

수정전 시산표가 완성되고 나면 기말 수정분개 사항을 파악하는 결산정리(year-end adjustments)를 수행해야 한다. 결산정리란 계정의 기말잔액을 결산 시점에서 수정하는 것을 말하며, 기말정리 또는 기말수정이라고도 한다.

　결산정리가 필요한 이유는 일상적인 거래가 집계된 원장의 계정잔액 중에 정확한 재무상태와 경영성과를 반영하지 않는 것이 있을 수도 있고, 일상적인 거래는 아니지만 결산시점에 인식할 거래로서 추가적인 수정분개가 필요하기 때문이다.

　수정분개가 끝나면 진정 가벼워진 자신을 발견하게 된다. 수정분개 전까지의 무겁고 답답했던 마음이 수정분개 이후 거짓말처럼 가벼워지고, 버릴 것 다 버릴 수 있고, 잊을 것 다 잊을 수 있을 것 같은 기분이 든다. 그것이 바로 수정분개의 본질이기 때문이다. 그러면 길이 끝나는 데까지 가볼 수 있다.

　이제 길의 끝이 보인다. 다 왔다!

〈종합예제〉의 5월 3일자 거래인 1년치 화재보험료 지급에 대한 내용과 5월 4일 소모품 매입에 따른 내용, 5월 21일 종업원 급여 지급과 각종 예수금 관련 내용 등은 모두 결산정리 대상으로, 5월 31일 즉 기말에 수정분개가 필요한 거래들이다. 이들 거래에 대한 분석을 기말 (5월 31일) 시점에서 다시 살펴보도록 하자.

먼저 5월 3일의 거래를 '선급화재보험료'라는 계정과목으로 기록한 경우(①)부터 분석해보자.

5/3

| (차) | 선급화재보험료 | 18,000 | (대) | 현금 | 18,000 |

위의 경우 선급화재보험료와 관련한 경제적 사건은 5월 3일 단 한 차례 발생했을 뿐 기말(5월 31일)까지 더는 나타나지 않는다. 그러나 이 거래는 18,000원에 대한 보험료가 5월분이 아닌 12개월분 즉 1년 치에 해당하는 것이므로 5월 31일 시점에서는 이를 바로잡을 필요가 있다. 즉, 5월 3일 지급한 18,000원 중 1/12에 해당하는 1,500원만이 5월치 보험료에 해당한다는 사실을 기록해야 5월 말 시점에 진실된 재무상태와 경영성과를 보고할 수 있다. 그리고 1년 중 한 달이 경과했으로 앞으로 보험사로부터 약관에 따른 보험혜택을 받을 수 있는 기간은 11개월 남아 있는 셈이다. 따라서 선급(화재)보험료에 대한 자산권행사도 11개월 치가 되어야 마땅하다. 기말 수정분개에서는 이처럼 시간경과에 따른 진실보고가 반영되도록 하여야 한다. 따라서 5월 3

일자 거래에 대한 기말 수정분개는 다음과 같다.

5/31

(차)	화재보험료	1,500	(대)	선급화재보험료	1,500

5월 3일의 분개와 5월 31일의 분개를 같이 살펴보면 선급화재보험료(자산)는 18,000원 증가하였다가 1,500원 감소하였으므로 기말 현재 선급화재보험료에 대한 잔액은 16,500원(18,000-1,500)이 됨을 알 수 있다. 또한 기말에 화재보험료라는 비용이 1,500원 발생하였음을 확인할 수 있다. 이처럼 기말수정분개를 마친 후 해당 계정과목에 대한 전기를 수행하면 다음과 같다.

선급화재보험료(자산)

5/3	18,000	5/31	1,500
		5/31 기말	**16,500**
	18,000		18,000

화재보험료(비용)

5/31	**1,500**	

반면, 5월 3일의 거래를 '화재보험료'라는 계정과목으로 기록한 경우(②)를 살펴보면 다음과 같다.

(차)	화재보험료	18,000	(대)	현금	18,000

위와 같이 5월 3일의 거래를 분개하였다면 이는 당기 비용으로서의 화재보험료를 18,000원 지불하였다는 의미가 되므로 1년 치를 한꺼번에 지급한 의미를 찾아볼 수 없다. 따라서 기말시점(5월 31일)에 발생한 18,000원의 화재보험료가 한 달(5월분) 치가 아님을 기록해야 할 필요성이 있다. 즉 18,000원 중 16,500원을 차감한 1,500원만이 5월의 화재보험료로 인식되도록 수정분개를 해야 한다. 이때 차감된 16,500원은 남은 기간 11개월 치에 해당하는 화재보험료를 의미하므로 이 금액이 바로 선급화재보험료가 되는 것이다. 역시 기말 수정분개에서 시간경과에 따른 진실이 반영되도록 조정하여야 한다. 따라서 5월 3일자 거래에 대한 기말 수정분개는 다음과 같다.

5/31

(차) 선급화재보험료	16,500	(대) 화재보험료	16,500

5월 3일의 분개와 5월 31일의 분개를 함께 살펴보면 화재보험료(비용)는 18,000원 증가하였다가 16,500원 감소하였으므로, 기말 현재 화재보험료에 대한 잔액은 1,500원(18,000-16,500)이 됨을 알 수 있다. 또한 기말에 선급화재보험료라는 자산이 16,500원 발생하였음을 확인할 수 있다. 이처럼 기말수정분개를 마친 후 해당 계정과목에 대한 전기를 수행하면 다음과 같다.

	선급화재보험료(자산)		
	5/31	16,500	**5/31 기말 16,500**
화재보험료(비용)			
5/3 18,000	**5/31 16,500**	16,500	16,500

5월 3일의 거래를 '선급화재보험료'라는 계정과목으로 기록한 경우
(①)이든 '화재보험료'라는 계정과목으로 기록한 경우(②)이든, 결과
적으로 수정분개 후 선급화재보험료(자산) 기말잔액과 비용처리되는
화재보험료 금액은 동일하다. 따라서 어떤 방법을 선택해도 상관없
다. 단, 한 가지 방법이 채택되면 해당 사건이 영향 을 미치는 기간(예
를 들어 화재보험기간 1년) 동안은 변경 없이 사용되어야 한다. 왜냐하
면 5월 3일의 거래는 한 번 일어났으나 그 결과는 이듬해 4월까지 12
개월 동안 영향을 받기 때문이다. 즉, 12개월 동안 동일한 수정분개를
해야 하기 때문이다.[23]

다음으로 5월 4일에 대한 거래를 분석해보자. 5월 4일 소모품 구입
에 대한 분개는 다음과 같다.

---

23) 이 책에서는 5월 3일의 거래를 '선급화재보험료'라는 계정과목으로 기록한 경우(①)
를 기본으로 하여 수정분개 및 이후 단계를 설명할 것이다.

5/4

(차)	소모품	30,000	(대)	미지급금	30,000

이는 소모품 구입에 대한 사건만을 기록한 것이다. 만약 5월 동안 구입된 소모품을 하나도 사용하지 않았다면 5월 4일 구입한 소모품량과 5월 31일 소유하고 있는 소모품량은 동일할 것이다. 그런데 5월 4일 구입한 소모품에 대한 소비가 있었다면 기말(5월 31일) 시점에서 얼마나 소비했는지 혹은 얼마가 남아 있는지에 대한 조사와 기록이 이루어져야 한다. 〈종합예제〉에서 5월 31일 소모품에 대한 실사(실지재고조사)를 한 결과, 10,000원어치가 남아 있다고 하였으므로 구입량(30,000원)에서 남아 있는 재고량(10,000원)을 차감한 금액 20,000원이 5월 중 사용한 소모품에 대한 가치일 것이다. 따라서 5월 말에 당기 비용으로 인식해야 할 소모품비는 20,000원이 되며, 소모품(자산)의 기말 잔액은 10,000원으로 조정되어야 할 것이다. 이를 기말 수정분개에서 정리하는 것이다. 그러므로 5월 4일자 거래에 대한 수정분개는 다음과 같이 기록할 수 있다.

5/31

(차)	소모품비	20,000	(대)	소모품	20,000

5월 4일의 분개와 5월 31일의 분개를 같이 살펴보면 소모품(자산)은 30,000원 증가하였다가 20,000원 감소하였으므로 기말 현재 소모품에 대한 잔액은 10,000원(30,000-20,000)이 됨을 알 수 있다. 또한 기말에 소모품비라는 비용이 20,000원 발생하였음을 확인할 수 있다. 이처럼 기말수정분개를 마친 후 해당 계정과목에 대한 전기를 수행하면 다음과 같다.

소모품(자산)

5/4	30,000	5/31	20,000
		5/31 기말	**10,000**
	30,000		30,000

소모품비(비용)

5/31	20,000	

마지막으로 5월 21일에 대한 거래를 분석한다. 5월 21일 종업원 급여와 각종 보험과 세금에 대한 원천징수 사항에 대한 기록이다.

(차)	급여	63,000	(대)	당좌예금	61,800
				소득세예수금	500
				국민연금예수금	300
				의료보험예수금	300
				고용보험예수금	100

월말이 되면 기업은 종업원이 개인적으로 납부해야 할 각종 세금과

공과금 1,200원을 세무서 등에 대신 납부하여야 한다. 이때 기업은 국민연금을 비롯한 의료보험 등에 대한 법적 부담금도 함께 납부한다. 이에 대한 기말 수정분개를 실시하면 다음과 같다.

5/31

(차)	소득세예수금	500	(대)	현금	1,900
	국민연금예수금	300			
	의료보험예수금	300			
	고용보험예수금	100			
	국민연금기관부담금	300			
	의료보험기관부담금	300			
	고용보험기관부담금	100			

5월 21일의 분개와 5월 31일의 분개를 통해서 새롭게 추가되는 계정과목의 경우도 전기(轉記)의 대상이 된다. 이처럼 기말수정분개를 마친 후 해당 계정과목에 대한 전기를 수행하면 다음과 같다.

현금(자산)

5/1	50,000	5/3	18,000
		5/8	4,000
		5/15	5,000
		5/26	5,400
		5/28	6,000
		5/31	1,900
		5/31 기말	**9,700**
	50,000		50,000

소득세예수금(부채)

5/31 기말	**500**	5/21	500
	500		500

국민연금예수금(부채)

5/31 기말	**300**	5/21	300
	300		300

의료보험예수금(부채)

5/31 기말	**300**	5/21	300
	300		300

고용보험예수금(부채)

5/31 기말	**100**	5/21	100
	100		100

국민연금기관부담금(비용)

5/31 기말	**300**		

의료보험기관부담금(비용)

5/31 기말	**300**		

고용보험기관부담금(비용)

5/31 기말	**100**		

위 전기한 내용에서 현금의 경우 5월 31일 기말 9,700원이 수정분개 후 현금의 기말잔액이 된다. 그 외 각종 예수금 계정들은 5월 31일 모두 차변에 소멸금액(집행되어 없어진 금액)이 기록되며, 기관부담금인 비용 계정들은 기말(5월 31일) 시점 새로이 발생한 금액으로 보고된다.

이 밖에도 결산정리와 관련한 수정분개 사항들은 더 존재한다. 결산정리유형은 ①이연항목 ②예상항목 ③추정항목으로 분류되며 자세한 내용은 〈표 4〉에 제시되어 있다.[24]

〈표 4〉 결산정리유형

대상항목	구성항목	계정분류	수정분개	거래 예시
이연항목	비용의 이연	선급비용(자산)	(차)자산 (대)비용	선급보험료 선급임차료
	수익의 이연	선수수익(부채)	(차)부채 (대)수익	선수임대료
예상항목	비용의 예상	미지급비용(부채)	(차)비용 (대)부채	미지급급여 미지급이자
	수익의 예상	미수수익(자산)	(차)자산 (대)수익	미수임대료 미수이자
추정항목	비용의 추정	자산평가(비용)	(차)비용 (대)자산	대손상각비 감가상각비

24) 본 〈종합예제〉에서는 위 〈표 4〉에서 열거된 여러 가지 수정분개 사항들을 일일이 제시하지 못하였다. 이 책의 목적이 회계순환과정을 이해하는 데 있으므로 다양한 예시들은 추후 회계를 본격적으로 공부하고자 할 때 회계와 관련된 전공서적을 통해 보다 깊이 고찰하기 바란다.

수정분개까지 모두 마쳤다면 지금까지의 기록과정을 다시 한 번 정리해보자. 개별 경제적 사건이 발생하면 이를 기록(분개)하고, 기록된 내용들은 계정과목별로 전기하여 계정별 기말 잔액을 산출하였다. 분개에서 전기까지의 과정이 오류 없이 이루어졌는지를 대략적으로 확인하는 절차로서 시산표를 작성하였으며, 기말시점의 진실보고를 위해 수정분개를 하였다.

수정분개가 끝나면 드디어 재무제표를 작성할 수 있게 된다. 가장 기본이 되는 두 재무제표를 작성하기까지의 회계절차가 오류 없이 진행되었는지를 한 번 더 검산하는 차원에서 보조적으로 작성하는 보고서가 정산표(work sheet)이다. 정산표는 수정전 시산표, 수정분개, 수정후 시산표 등을 하나의 표로 통합해놓은 것으로 재무제표 작성을 위한 기초자료일 뿐 공식적인 재무제표의 일부를 구성하는 것은 아니다. 그러나 회계순환의 일련의 과정을 거치면서 재무제표 작성의 오류를 방지하기 위해 정산표의 작성이 필요할 수 있다.

① 8위식 정산표 양식

계정과목	수정전시산표		수정분개		포괄손익계산서		재무상태표	
	차변	대변	차변	대변	차변	대변	차변	대변
현금								
당좌예금								
…								
합계								
…								
합계								
당기순이익								
합계								

② 10위식 정산표 양식

계정과목	수정전시산표		수정분개		수정후시산표		포괄손익계산서		재무상태표	
	차변	대변	차변	대변	차변	대변	차변	대변	차변	대변
현금										
당좌예금										
…										
합계										
…										
합계										
당기순이익										
합계										

정산표를 작성할 경우 정산표상에 재무상태표와 포괄손익계산서를 임시적으로 작성하여 경영자나 회계담당자가 좀 더 일찍 재무제표를 확인할 수 있는 장점이 있으며, 특히 모든 작업이 하나의 표 위에서 진행되기 때문에 오류를 발견하기 쉽다는 것이 가장 큰 효익이다. 정산표의 양식은 크게 8위식 정산표와 10위식 정산표가 많이 사용된다.

8위식, 10위식 등의 정산표 명칭은 각각 차변과 대변의 개수로 이해하면 된다. 즉 8위식은 전체 표에서 차변 4개와 대변 4개의 합인 총 8개의 칸으로 이루어져 있어서 부르게 된 명칭이다.[25] 마찬가지로 10위식 정산표는 차변 5개와 대변 5개 총 10개의 칸으로 구성되어 있기 때문에 그렇게 부른다.

정산표의 작성절차는 다음과 같다.

①수정전 시산표의 작성 → ②수정분개 → ③수정후 시산표(8위식 정산표에서는 생략)의 작성 → ④수정전 시산표와 수정분개의 금액을 합하거나 차감하여 얻어진 최종 잔액(수정후 시산표 잔액)을 포괄손익계산서와 재무상태표에 옮겨 적는다. 정산표가 얼마나 멋진 놈인지 알게 되면 누구든지 반할 것이다. 이 책의 목적은 회계순환과정에 대한 독자의 이해에 있다. 그 정점에 있는 것이 바로 정산표이다. 어쩌면 정산표를 보여주기 위해 지금껏 기술해왔다고 해도 과언이 아니다. 필자가 독자들에게 가장 보여주고 싶어했던 단 하나의 보고서를

---

25) 역시 이름은 함부로 짓지 않는다!

들라면 바로 이 정산표이다. 정산표만 온전히 작성할 수 있다면 재무제표의 작성은 너무나 쉬운 문제이다. 꼭 유심히 살펴보기 바란다.

지금까지의 설명을 통해 〈종합예제〉를 가지고 정산표[26]를 완성시켜보자. 먼저 분개와 전기를 통해 구해진 수정전 시산표를 정산표의 양식에 맞추어 옮겨 쓰면 다음과 같이 표시할 수 있다.

---

26) 이 책에서는 8위식 정산표만 작성하였다. 10위식 정산표는 독자들 스스로 꼭 해보기 바란다.

정산표(work sheet)

태산크리닝   20×7. 5. 1 ~ 20×7. 5. 31   (단위: 원)

계 정 과 목	수정전 시산표		수정분개		포괄손익계산서		재무상태표	
	차변	대변	차변	대변	차변	대변	차변	대변
현금	11,600							
당좌예금	232,200							
미수수익	90,000							
소모품	30,000							
선급보험료	18,000							
차량운반구	380,000							
기계장치	90,000							
미지급비용		8,000						
소득세예수금		500						
국민연금예수금		300						
의료보험예수금		300						
고용보험예수금		100						
미지급금		330,000						
자본금		400,000						
용역수익		240,000						
급여	63,000							
임차료	36,000							
유류비	4,000							
수도광열비	5,000							
광고선전비	8,000							
접대비	5,400							
통신비	6,000							
합 계	979,200	979,200						

수정전 시산표의 작성을 마쳤으면 기말 수정분개 사항을 작성한다. 이때 추가로 발생한 계정과목은 순서에 신경쓰지 말고 비워진 칸에 연속해서 적으면 된다.

정산표(work sheet)

태산크리닝   20×7. 5. 1 ~ 20×7. 5. 31   (단위: 원)

계 정 과 목	수정전 시산표		수정분개		포괄손익계산서		재무상태표	
	차변	대변	차변	대변	차변	대변	차변	대변
현금	11,600			1,900				
당좌예금	232,200							
미수수익	90,000							
소모품	30,000			20,000				
선급보험료	18,000			1,500				
차량운반구	380,000							
기계장치	90,000							
미지급비용		8,000						
소득세예수금		500	500					
국민연금예수금		300	300					
의료보험예수금		300	300					
고용보험예수금		100	100					
미지급금		330,000						
자본금		400,000						
용역수익		240,000						
급여	63,000							
임차료	36,000							
유류비	4,000							
수도광열비	5,000							
광고선전비	8,000							
접대비	5,400							
통신비	6,000							
소모품비			20,000					
화재보험료			1,500					
국민연금기관부담금			300					
의료보험기관부담금			300					
고용보험기관부담금			100					
합 계	979,200	979,200	23,400	23,400				

수정분개가 모두 마무리되면 포괄손익계산서를 구성하는 항목(수익과 비용)의 최종 잔액을 포괄손익계산서 해당란에 정확히 기입한다. 이때 포괄손익계산서의 차변과 대변 합계를 일치시키기 위해 당기순이익(이익잉여금) 혹은 당기순손실(결손금) 등을 계산하여 기입한다.

정산표(work sheet)

태산크리닝 · 20×7. 5. 1 ~ 20×7. 5. 31 · (단위: 원)

계정과목	수정전 시산표		수정분개		포괄손익계산서		재무상태표	
	차변	대변	차변	대변	차변	대변	차변	대변
현금	11,600			1,900				
당좌예금	232,200							
미수수익	90,000							
소모품	30,000			20,000				
선급보험료	18,000			1,500				
차량운반구	380,000							
기계장치	90,000							
미지급비용		8,000						
소득세예수금		500	500					
국민연금예수금		300	300					
의료보험예수금		300	300					
고용보험예수금		100	100					
미지급금		330,000						
자본금		400,000						
용역수익		240,000				240,000		
급여	63,000				63,000			
임차료	36,000				36,000			
유류비	4,000				4,000			
수도광열비	5,000				5,000			
광고선전비	8,000				8,000			
접대비	5,400				5,400			
통신비	6,000				6,000			
소모품비			20,000		20,000			
화재보험료			1,500		1,500			
국민연금기관부담금			300		300			
의료보험기관부담금			300		300			
고용보험기관부담금			100		100			
이익잉여금					90,400			
합계	979,200	979,200	23,400	23,400	240,000	240,000		

마지막으로 재무상태표의 구성요소인 자산, 부채, 자본 계정과목들에 대한 수정후 최종잔액을 재무상태표의 해당란에 정확히 기입한다. 이때도 재무상태표의 차변과 대변 합계를 일치시키기 위해 당기순이익(이익잉여금[27]) 혹은 당기순손실(결손금) 등을 계산하여 기입한다. 한 가지 살펴볼 점은 동일한 계정과목인 이익잉여금(당기순이익) 90,400원의 자리이다. 포괄손익계산서를 보면 이익잉여금은 차변에 위치해 있다. 이는 수익과 비용의 크기를 비교한 결과 수익이 비용보다 90,400원만큼 크기 때문에(수익〉비용) 그 차액이 곧 당기에 획득한 순이익이 됨을 표시하는 것이다. 단, 차변과 대변의 합을 일치시키는 복식부기의 장치 때문에 비용과 동일한 위치에 기록한 것뿐이다. 만약 수익이 비용보다 작다면(수익〈비용) 즉, 손실이 발생하게 된다면 정산표 상에서는 수익과 동일한 위치에 당기순손실 금액이 기록될 것이다. 이를 그림으로 도시하면 다음과 같다.

〈포괄손익계산서〉

비용	수익
당기순이익	

혹은

〈포괄손익계산서〉

비용	수익
	당기순손실

---

27) 회계에서는 잉여금은 자본잉여금과 이익잉여금으로 구분한다. 이때 이익잉여금이란 기업이 영업활동을 통해 순자산(자본)을 증가시키는 결과물로 흔히 당기순이익이라 불리는 것이다.

태산크리닝　　　　　　20×7. 5. 1 ~ 20×7. 5. 31　　　　　　(단위: 원)

계 정 과 목	수정전 시산표		수정분개		포괄손익계산서		재무상태표	
	차변	대변	차변	대변	차변	대변	차변	대변
현금	11,600			1,900			9,700	
당좌예금	232,200						232,200	
미수수익	90,000						90,000	
소모품	30,000			20,000			10,000	
선급보험료	18,000			1,500			16,500	
차량운반구	380,000						380,000	
기계장치	90,000						90,000	
미지급비용		8,000						8,000
소득세예수금		500	500					
국민연금예수금		300	300					
의료보험예수금		300	300					
고용보험예수금		100	100					
미지급금		330,000						330,000
자본금		400,000						400,000
용역수익		240,000				240,000		
급여	63,000				63,000			
임차료	36,000				36,000			
유류비	4,000				4,000			
수도광열비	5,000				5,000			
광고선전비	8,000				8,000			
접대비	5,400				5,400			
통신비	6,000				6,000			
소모품비			20,000		20,000			
화재보험료			1,500		1,500			
국민연금기관부담금			300		300			
의료보험기관부담금			300		300			
고용보험기관부담금			100		100			
이익잉여금					90,400			90,400
합　　계	979,200	979,200	23,400	23,400	240,000	240,000	828,400	828,400

반면 재무상태표를 살펴보면, 이익잉여금(당기순이익) 90,400원이 대변에 위치해 있으면서 재무상태표의 총 차변의 합과 대변의 합을 일치시키는 역할을 담당한다. 영업활동을 통한 기업 순자산(자산-부채=자본)의 잉여가 바로 이익잉여금이므로 자본과 동일한 자리인 대변에서 본질적으로 자본을 증가시키는 원동력이 되는 것이다.

　기업이 왜 그토록 이익을 내고 싶어 할까? 만약 여러분이 조그마한 가게이든 기업이든 창업을 한 창업자라고 가정해보자. 궁극적으로 영업활동을 해서 이익을 창출해야 할 이유가 뭐라고 생각하는가? 물론 창업자금을 조달하는 데 썼던 빚을 갚아야 할지도 모른다. 그것도 좋다. 어쨌든 순수한 내 몫을 늘이는 것, 나의 부를 증대시키는 것! 그것을 위해 장사(물론 사업이라 불러도 상관없다)하는 것 아니겠는가? 빚을 갚는 것도 내 몫으로 갚는 것이다. 또 다른 빚을 얻어 기존의 빚을 갚을 수도 있다. 그러나 그것은 부채를 상환해야 할 대상이 달라진 것이지 부채의 크기가 작아지거나 없어진 것은 아니다. 회계에 있어서 순수한 내 몫이 바로 순자산 즉, 기업의 총자산에서 총부채를 차감한 자본이 되는 것이다. 기업이 이익을 창출한다는 것은 그만큼 기업의 자본을 증대시키는 동력이 존재한다는 말이다. 따라서 영업활동의 결과물(수익-비용)이 곧 자본을 키우게 된다. 포괄손익계산서의 최종 산출물인 바로 이 당기순이익(혹은 당기순손실[28])이 재무상태표의 자본의 한 구성요소로 자리매김하는 것이다.

---

28) 현실적으로 모든 영업활동을 통해 언제나 이익을 낼 수 있는 것은 아니다.

이처럼 두 보고서는 정말로 멋들어지게 서로 맞물려 움직인다. 또한 번 복식부기에 감동하게 되는 순간이 바로 이 정산표의 이익잉여금 계정이다. 내게는 영화 〈300〉의 스파르타 전사들이나 드라마 〈추노〉의 배우, 장혁의 복근보다 정산표가 더 멋있게 느껴진다. 세상에서 군살 없이 가장 잘 빠진, 가장 훌륭한 복근을 가진 바로 그놈(?)이 정산표인지도 모르겠다!

재무상태표와 포괄손익계산서는 각자 자신이 맡은 보고책임의 내용을 전달하기 위해 작성되지만 최종적으로 서로가 서로의 거울 역할을 충실히 하고 있다. 이를 공자님의 표현을 빌면 화이부동(和而不同)의 경지라 하지 않을 수 없다. 서로 조화를 이루되, 자기 본연의 빛깔을 잃지 않는다는 말씀! 자신의 색깔이 없으면 주위와 조화를 이룰 수 없다. 그러나 자신의 색깔이 존재한다고 해서 모두가 주위와 조화를 이루지는 않는다. 재무상태표와 포괄손익계산서는 보고목적에 있어서 스스로의 색깔이 분명하다. 그런데 정산표에서 보이고 있듯이 두 색깔은 너무도 자연스럽게 균형(조화)을 이루고 있는 것이다.

소인배는 자기 색깔이 없거나 무엇이 자신의 색인지 모르기 때문에 주위와 조화를 이루지 못하고 주위에 섞여 물들어버린단다. 그래서 곧 동화되어 본연의 색조차 잃어버리는 것이 소인배이다. 여러분 모두 소인배처럼 동이불화(同而不和)하지 말고 군자처럼 화이부동(和而不同)하시길……

세 종류의 분개(분개, 수정분개, 마감분개)

-회계순환의 처음과 끝 : ③ 마감분개

드디어 마감까지 왔다. 어느 순간 우리네 삶도 마감을 할 때가 올 것이다. 그때가 되면 지금껏 어떻게 살아왔는지 한번쯤 돌아보지 않을까? 돌아보는 그 순간을 위해, 마감하는 그 순간을 위해 어떻게 살아야 할지를 미리 성찰하여 현재를 산다면 마감의 순간이 더 편안하지 않을까?

마감, 즉 결산(closing)이란 회계기간[29]이 종료된 매 기말 일정시점의 재무상태와 경영성과를 나타내는 재무제표를 작성하는 절차이다. 결산을 하기 위한 예비절차단계가 수정분개와 정산표의 작성이라 볼 수 있으며, 결산의 본절차가 바로 장부마감을 시행하는 마감분개에 있다. 마감분개가 완료되면 비로소 최종적인 재무보고서를 작성할 수 있는 것이다.

---

29) 회계기간이란 보고주기에 따라 한 달, 분기, 반기, 혹은 1년 등으로 세분화할 수 있다. 일반적인 공시자료는 연차보고서라 하여 1년을 단위로 회계기간을 설정하고 그 기간 동안의 재무상황이나 경영성과를 재무제표에 담아낸다. 그러나 실무적으로는 한 달을 기준으로 매월 말 결산을 하여 내부보고서를 완성한다.

이제 결산 본절차인 장부마감에 대해 살펴보자. 결산의 본절차는 지금까지 회계처리를 위해 작성해온 각종 장부를 마감하여 다음 회계연도를 준비하는 절차이다. 원장은 재무제표 구성요소인 수익, 비용계정과 자산, 부채, 자본계정으로 구성되어 있다. 그중 포괄손익계산서 구성요소인 수익과 비용계정은 명목계정, 임시계정으로 실제 다음 기로 이월되지 못하고 당기의 손익에 대한 정보만 주고 없어진다. 포괄손익계산서의 보고목적이 특정 기간(회계기간) 동안의 경영성과를 보여주기 위한 것이므로, 특정 기간이 지나면 모든 수익과 비용은 다시 원점으로 돌려놓아야 다음 기의 진정한 경영성과를 산출할 수 있다.

당기순이익은 말 그대로 이번 기의 수익과 비용의 결과 얻어진 순수한 이익을 뜻한다.[30] 당기순이익에는 지난 기의 수익이나 비용이 포함되거나 묻어 있어서는 안 된다. 따라서 당기순이익에 당기의 성과만 표시되도록 하려면 이번 기 포괄손익계산서 상의 수익이나 비용은 기초에 영(0)에서 출발해야만 가능하다. 기초에 출발점을 원점으로 한다는 말은 기말에 수익과 비용을 원점상태로 만들어놓아야 한다는 뜻이다. 이번 기말이 곧 다음 기의 기초이기 때문이다. 그래서 매 기말 수익과 비용의 결과를 확인한 후 반드시 이번 기 동안 발생한 수익과 비용은 모두 영(0)이 되도록 하여 수익과 비용의 잔액이 다음 기로 이월되지 못하게 하여야 하는데 이것이 바로 결산, 즉 마감을 뜻

---

30) 다시 한 번 강조하지만, 이름은 함부로 짓지 않는다!

한다. 포괄손익계산서를 구성하는 수익과 비용에 속하는 모든 계정은 마감 때 잔액이 존재하지 않고 이름만 있다는 의미에서 수익과 비용계정을 명목계정, 혹은 임시계정이라고도 한다.

반면에 재무상태표를 구성하는 자산, 부채, 자본계정은 실제계정, 영구계정으로, 실제 금액이 다음 기로 이월되는 실체가 존재하는 계정이다. 재무상태표는 특정 기간 동안의 경영성과를 보여주는 것이 보고목적이 아니라 특정 시점의 재무상태, 즉 자산은 어떤 요소들로 이루어져 있으며 이들을 위해 부채는 얼마를 조달했는지, 자본은 얼마를 보유하고 있는지를 보여주는 것이 보고목적이다. 그렇기 때문에 언제나 각 계정의 기말잔액이 다음 기의 기초로 이월되게 된다. 계정의 이러한 차이 때문에 원장의 마감 순서는 먼저 임시계정인 수익과 비용계정을 마감하여 최종적인 결과물인 이익 또는 손실금액을 실제 존재하는 자본금계정에 대체시키고, 다음에 자본계정을 비롯한 자산, 부채계정을 마감하는 순서로 진행된다.[31]

마감을 통한 두 주요 재무제표의 각 계정과 이들 재무제표 간의 연결관계를 도시하면 다음 〈그림 2〉와 같다.

---

31) 정산표를 다시 떠올려보라. 포괄손익계산서를 먼저 완성시키고 그리고 재무상태표를 완성시킬 수 있도록 만들어져 있다. 그래서 두 보고서 간 이익잉여금 계정으로 최종 확인이 가능하게 하고 있는데 이는 마감절차와 무관하지 않다.

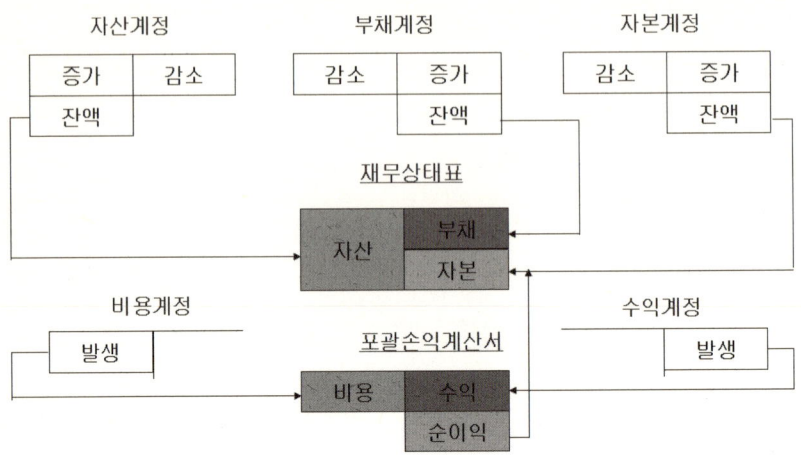

〈그림 2〉 계정과 재무제표 간의 연결관계

이제 〈종합예제〉를 통한 정산표를 가지고 포괄손익계산서와 재무상태표를 완성하고 각 계정에 대해 마감분개까지 완성시켜보도록 하자.

먼저 오른쪽 태산크리닝의 8위식 정산표에 나타난 포괄손익계산서에 대한 요약정보를 바탕으로 보고양식에 맞는 포괄손익계산서를 작성한다. 태산크리닝의 20×7년 5월 한 달 동안의 경영성과를 살펴보면, 수익은 용역수익만 존재하고, 그 외 각종 비용을 산출해보면 총 90,400원의 당기순이익이 발생한다. 이를 보고서의 형식에 맞게 나타내면 다음과 같다.

포괄손익계산서

태산크리닝(주)   20×7년5월1일부터 20×7년 5월31일까지   (단위: 원)

과　목	금　액	
수익		
용역수익	240,000	240,000
비용		
급　여	63,000	
임 차 료	36,000	
유 류 비	4,000	
수도광열비	5,000	
광고선전비	8,000	
접 대 비	5,400	
통 신 비	6,000	
소모품비	20,000	
화재보험료	1,500	
국민연금기관부담금	300	
의료보험기관부담금	300	
고용보험기관부담금	100	149,600
당기순이익		90,400

다음으로 재무상태표 역시 8위식 정산표의 요약정보를 바탕으로 보고양식에 부합하는 형식으로 작성한다.

	재무상태표			
태산크리닝(주)	20×7년 5월 31일 현재			(단위: 원)
자산			부채	
유동자산		358,400	유동부채	338,000
현 금	9,700		미지급비용	8,000
당좌예금	232,200		미지급금	330,000
미수수익	90,000			
선급보험료	16,500		부채총계	338,000
소 모 품	10,000		자본	
비유동자산		470,000	자본금	400,000
차량운반구	380,000		미처분이익잉여금	90,400
기계장치	90,000		자본총계	490,400
자산총계		828,400	부채와 자본총계	828,400

마지막으로 마감분개를 실시한다. 우선 포괄손익계산서 요소인 수익과 비용계정부터 마감하도록 한다. 마감분개는 기중에 발생한 실제 거래를 기록하는 것이 아니다. 단지 기말 결산시 각 계정의 잔액을 기초에서 기말로 넘겨주기 위해, 즉 대체하기 위한 것이다. 그러나 실제

거래와 마찬가지로 분개장에 기록하고 원장에 전기하는 절차를 거쳐야 한다.

마감분개를 분개장에 기록하기 위해서는 기중의 실제 거래와 구분해서 표시해야 하기 때문에 수정분개가 기록된 다음 장소에 '마감분개'라는 표제를 계정과목과 설명란의 중앙에 기입한 후 마감분개를 실시한다. 마감분개와 전기의 절차는 다음과 같다.

첫째, 개별 수익계정의 잔액을 당해 계정의 차변에 기록하고, 그 수익계정의 합계를 '집합손익'이라는 임시 계정을 이용하여 대변에 기록한다. 집합손익계정은 포괄손익계산서 항목을 마감하기 위한 수단으로 사용되므로 언제나 마감분개 시에만 나타난다. 그래서 이를 임시로 사용한다는 측면에서 임시 계정이라 이해하면 좋겠다. 기중 실제 거래 시 수익과 관련된 계정의 분개는 모두 대변에 기록되어 있다. 이를 기말에 원점으로 만들어주기 위해서는 차변에 동일 이름, 동일 금액을 기록하여야 한다. 따라서 수익계정을 마감하면 다음과 같다.

(1) 수익계정의 마감

(차)	용역수익	240,000	(대)	집합손익	240,000

둘째, 개별 비용계정의 잔액을 당해 계정의 대변에 기록하고, 그 비용계정의 합계를 역시 임시 계정인 집합손익계정의 차변에 기록한다.

비용계정은 수익과 반대로 기중 실제 거래 시 차변에 기록되어 있을 것이다. 이를 기말에 영(0)으로 만들기 위해서는 대변에 기록되어야 한다. 그러므로 비용계정을 마감하면 다음과 같다.

(2) 비용계정의 마감

(차)	집합손익	149,600	(대)	급여	63,000
				임차료	36,000
				유류비	4,000
				수도광열비	5,000
				광고선전비	8,000
				접대비	5,400
				통신비	6,000
				보험료	1,500
				소모품비	20,000
				국민연금기관부담금	300
				의료보험기관부담금	300
				고용보험기관부담금	100

셋째, 이제 모든 수익계정과 비용계정은 기중 거래와 연계해보면 상호 대체되어 소멸하고 없다. 대신 마감분개를 통해 임시로 사용했던 '집합손익'이란 이름으로 대변에 240,000원과 차변에 149,600원으로 존재한다. 이 임시계정인 집합손익조차 완전히 소멸시켜야 포괄손익계산서는 원점 상태가 되어 다음 기의 경영성과를 기록할 때 오

류가 발생하지 않는다. 집합손익계정을 마감하기 위해서는 집합손익계정에서 수익합계와 비용합계의 차이로 당기순이익을 계산한 후, 그 금액을 집합손익계정의 차변에 기록하고 동시에 이익잉여금계정의 대변에 기록한다.[32] 집합손익계정을 마감하면 다음과 같다.

(3) 집합손익계정의 마감

(차)	집합손익	90,400	(대)	이익잉여금	90,400

집합손익계정까지 마감분개를 마치면 포괄손익계산서는 모든 계정의 잔액이 0이 되며 궁극적으로 이익잉여금만 남게 된다. 이렇게 남은 이익잉여금은 재무상태표의 자본을 증대시키면 자본의 구성요소로 연결된다.

정리하면 마감분개를 전기하고 난 후에는 집합손익을 포함한 모든 임시 계정, 즉 포괄손익계산서 항목의 잔액이 0으로 된다. 〈종합예제〉의 마감분개를 원장 계정에 전기하면 다음과 같다.

---

32) 당기순손실이 발생할 경우 분개를 반대로 한다.

용역수익(수익)

5/31	240,000	5/10	240,000
	240,000		240,000

임차료

5/6	36,000	5/31	36,000
	36,000		36,000

유류비

5/8	4,000	5/31	4,000
	4,000		4,000

수도광열비

5/15	5,000	5/31	5,000
	5,000		5,000

광고선전비

5/18	8,000	5/31	8,000
	8,000		8,000

급여

5/21	63,000	5/31	63,000
	63,000		63,000

접대비

5/26	5,400	5/31	5,400
	5,400		5,400

통신비

5/28	6,000	5/31	6,000
	6,000		6,000

화재보험료

5/31	1,500	5/31	1,500
	1,500		1,500

소모품비

5/31	20,000	5/31	20,000
	20,000		20,000

국민연금기관보담금			
5/31	300	5/31	300
	300		300

의료보험기관부담금			
5/31	300	5/31	300
	300		300

고용보험기관부담금			
5/31	100	5/31	100
	100		100

집합손익			
5/31	149,600	5/31	240,000
5/31	90,400		
	240,000		240,000

모든 마감분개를 분개장에 기록하고 이를 원장에 전기한 후에는 마감후시산표(post-closing trial balance)를 작성한다. 마감후시산표는 마감분개를 분개장에 기록하고 원장에 전기한 후 영구계정(재무상태표 계정과목)[33]과 그 잔액들을 순서에 따라 나열해놓은 표이다. 모든 임시계정(포괄손익계산서 계정과목)의 잔액이 0이 되었으므로 마감후시산표에는 재무상태표계정만을 포함하게 된다. 마감후시산표는 다음 기로 이월되는 영구계정의 잔액을 보여주기 때문에 이월시산표라고 부르기도 한다.

포괄손익계산서 구성요소인 수익과 비용계정을 마감한 후, 재무상태표 요소인 자산, 부채, 자본계정까지 모두 마감이 되었다면 드디어

---

33) 재무상태표 요소 계정과목의 잔액은 모두 다음 기로 이월되어 존속한다. 따라서 임시계정이 아닌 영구계정으로 불린다.

최종 보고서를 작성함으로써 결산이 완료된다. 최종 보고서 혹은 결산 보고서는 결산시 작성되는 재무보고서로서 일반적으로 재무제표라고 부르는 것이다.

　재무제표는 회계실체(기업)의 재정상황을 표시하는 가장 중요한 요소로서 재무상태표, 포괄손익계산서, 자본변동표, 현금흐름표 및 주석으로 구성된다. 재무상태표는 일정 시점의 재무상태를 보여주는 재무제표인 반면, 포괄손익계산서는 일정 기간의 경영성과를 나타내는 재무제표이며, 자본변동표는 일정 기간의 자본항목의 변동내역을 설명하는 재무제표이고, 현금흐름표는 일정 기간의 현금의 변화를 나타내는 재무제표이다. 재무상태표는 기초 또는 기말이라는 일정 시점 현재 기업이 보유하고 있는 자원을 표시하고 있는 반면, 나머지 세 종류의 재무제표는 일정 기간을 단위로 해당 기간 동안 측정된 자원의 흐름을 표시한다.

　이들 재무제표는 각각 일정한 재무항목을 연결고리로 하여 상호 관련성을 가지고 있다. 예를 들어 자본항목을 주목하면, 크게 자본을 증가시키는 요소와 자본을 감소시키는 요소가 존재한다. 재무상태표상의 기초자본과 기말자본의 차이는 특정 기간 동안 자본이 변동한 내역이다. 특정 기간 동안, 즉 기중에 자본이 증가하였다면 기초자본에 증가한 자본을 더하면 기말자본이 될 것이다. 반대로 기중 자본 감소가 일어났다면 기초자본에 자본 감소분을 차감하면 기말자본이 될 것이다. 일반적으로 기중에 발생하는 자본 증가요소와 자본 감소요소를 모두 고려하면 다음과 같은 수식으로 표시할 수 있다.

> 기초자본 + 기중 자본증가분 - 기중 자본감소분 = 기말자본

위 식에서 기중 발생하는 자본증가 요소는 첫째, 직접적으로 자본금을 추가로 출자하는 경우와 둘째, 영업활동을 통한 이익잉여금(당기순이익)을 창출하여 자본을 증가시키는 두 가지가 존재한다. 그리고 기중 발생하는 자본감소 요소로는 주주에게 배당금을 지급하는 경우이다.[34] 따라서 위 식을 다시 정리하면 아래와 같다.

> 기초자본 + 주주 추가출자 + 당기순이익 - 배당금 = 기말자본
>   ↑   ↑   ↑   ↑   ↑
> (기초재무상태표) (자본변동표) (포괄손익계산서) (자본변동표) (기말재무상태표)

그리고 기초 재무상태표의 현금에 현금흐름표의 현금 증가를 가산하면 기말 재무상태표의 현금과 일치한다. 이를 수식으로 나타내면 다음과 같다.

> 기초현금   +   현금 증가분-현금 감소분   =   기말현금
>   ↑   ↑   ↑
> (기초재무상태표)   (현금흐름표)   (기말재무상태표)

---

34) 자본을 줄이는 요소로 주주가 자본금을 직접적으로 줄이는 감자의 경우가 있으나 이는 일반적인 상황이 아니다.

이처럼 모든 재무제표는 상호 연관성을 가지고 있다. 재무제표가 가지는 연계성을 그림으로 표시하면 다음 〈그림 3〉과 같다.

〈그림 3〉 재무제표의 연계성

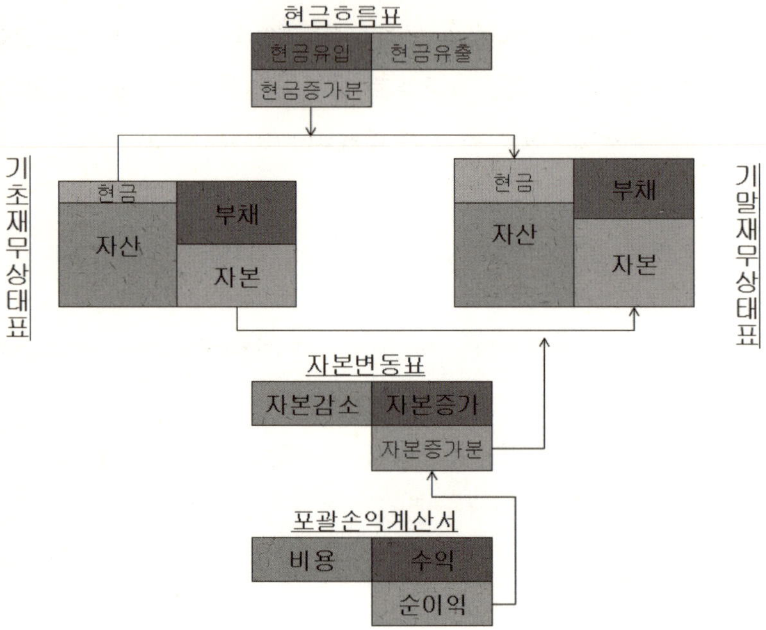

눈이 아닌 입이 웃어야 웃는 것이다

생긴 것은 제약조건이 아니다. 아래 이모티콘의 얼굴 중 과연 누가 웃고 있는가? 찢어진 눈도 웃을 수 있다.

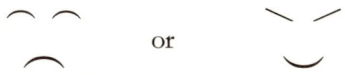

기업도 외형이 아닌 실속이 기업의 경영성과를 대변한다. 즉 기업 역시 자산규모나 당기순이익의 크기가 그 기업의 진실된 경영성과의 요체는 아니다. 어쩌면 자산구성 내역, 유동성 확보, 자본이익률 등의 본질적 지표가 그 기업의 진정한 경영성과를 알게 하는 기준치가 될 것이다. 자산규모가 작아도 내실이 튼튼한 기업이 있고, 반대로 규모만 컸지 부실덩어리인 기업도 존재한다.

사람이 건강하고 튼튼하기 위해서는 외형보다 오장육부로 불리는 내장 관리가 중요하다. 기업도 마찬가지이다. 기업의 내장 관리, 즉 장부 관리부터 튼튼히 해야 한다.

이제 실제 상장되어 있는 기업의 사례를 가지고 어떤 기업이 건강하고 어떤 기업이 부실한가를 살펴보자.

1. 건전기업의 재무적 특징

국내 굴지의 두 기업 삼성전자와 현대자동차의 재무자료와 대중에겐 잘 알려져 있지 않지만 코스닥에 상장된 강소기업인 쎄트렉아이의 재무자료를 비교해보면 다음과 같다.[35]

1-1. 재무상태표

삼성전자는 우리나라 대표기업답게 자산규모가 엄청나다. 2010년 107조 원대에서 2011년 117조 원대로, 그리고 2012년 133조 원대에 이른다. 총 자산규모 중 부채가 차지하는 비율에 비해 자본이 차지하는 규모가 월등히 크다. 부채의 경우 3년 동안 27조 원대와 29조 원대 사이를 유지하고 있지만, 자본은 79조 원→88조 원→105조 원대로 지속적으로 증가하고 있다. 자산증가가 부채조달이 아닌 자본 증가에 기인함을 의미한다. 그만큼 삼성전자는 재무적 건전성이 뛰어난 튼튼하고 탄탄한 기업임을 방증하는 것이다.

현대자동차 역시 우량기업으로서의 자질을 보여주고 있다. 금액의

35) 모든 재무자료는 금융감독원 전자공시시스템을 통해 검색한 기업별 사업보고서의 공시정보이다.

1-1. 재무상태표(건전기업)

(단위: 원)

구분	삼성전자			현대자동차			쎄트레이아		
	2010년	2011년	2012년	2010년	2011년	2012년	2010년	2011년	2012년
자산	107조1790억	117조5998억	133조2641억	44조4792억	50조2360억	53조9459억	394억	482억	474억
유동자산	36조2431억	39조4963억	43조9523억	14조7309억	17조2499억	19조6539억	239억	289억	281억
비유동자산	70조9359억	78조1035억	89조3118억	29조7483억	32조9861억	34조2920억	155억	193억	193억
부채	27조3187억	29조1430억	27조3762억	16조0469억	17조7144억	16조9262억	65억	113억	64억
유동부채	24조9917억	26조9700억	24조7703억	10조7104억	11조9194억	11조1530억	59억	105억	56억
비유동부채	2조3270억	2조1730억	2조6059억	5조3365억	5조7950억	5조7732억	6억	8억	8억
자본	79조8603억	88조4568억	105조8879억	28조4323억	32조5216억	37조0197억	329억	369억	410억
부채와자본합계	107조1790억	117조5998억	133조2641억	44조4792억	50조2360억	53조9459억	394억	482억	474억

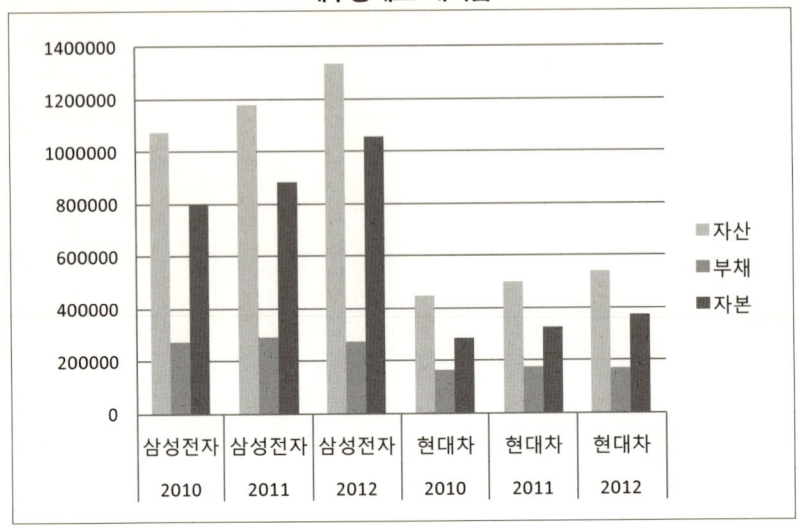

재무상태표-대기업

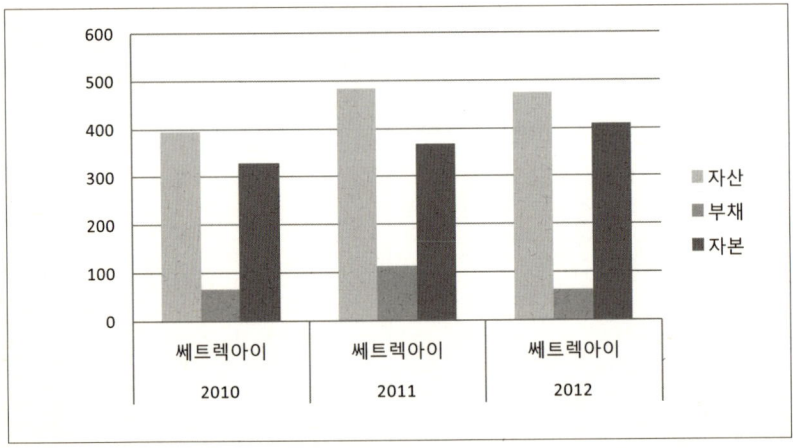

재무상태표-강소기업

180

차이는 있지만 삼성전자와 유사한 추이를 보이고 있다. 총자산규모의 경우 2010년 44조 원대에서 2011년 50조 원대로, 그리고 2012년 거의 54조 원에 육박한 규모를 보여주고 있다. 특히 부채의 규모는 16조원대와 17조원대 사이를 유지하는 반면, 자본은 28조 원→32조 원→37조 원대로 역시 증가추세에 있다.

쎄트렉아이는 박성동 사장이 KAIST 인공위성센터 연구원일 당시 한국 최초의 위성인 우리별 1호를 제작하여 지구궤도에 올린 바 있는 작은 우주산업체 기업이다. 2010년 나로호 발사시 인공위성에 대한 국민적 관심이 높아졌을 때 주목받기도 했다. 쎄트렉아이는 전 세계에 4개뿐인 인공위성을 수출하는 회사 중 하나로, 2008년 7월 말레이시아의 라작샛과 두바이의 두바이샛을 우주에 안착시킴으로써 핵심 역량인 위성 기술을 유감없이 보여준 강소기업이다.[36]

비록 기업규모는 삼성전자나 현대자동차에 비할 바는 아니지만 내실 면에 있어서는 결코 뒤지지 않는 기업이 강소기업 쎄트렉아이이다. 세트렉아이의 자산규모는 394억 원→482억 원→474억 원대로 2012년 약간 주춤하기는 해도 성장추세를 보이고 있다. 특히 자본의 성장추세는 너무도 놀랍다. 2010년 329억 원에서 2011년 369억 원, 2012년에는 410억 원대로 자산 중 부채의존도 또한 삼성전자나 현대자동차보다 낮다. 이는 대부분의 자금이 부채에 의존하지 않고 자기자본투자로 가능함을 의미한다.

---

36) 김창대, 『미술관에 간 CEO』, 웅진지식하우스, 2011, 95쪽.

180쪽 도표는 재무상태표 내용을 대기업(삼성전자와 현대자동차)과 강소기업(쎄트렉아이)으로 나누어 그림으로 나타낸 것이다.

1-2. 손익계산서

이제 기업의 경영성과를 나타내는 손익계산서를 분석해보자. 손익계산서상의 매출총이익은 제조원가의 효율성을 뜻한다. 즉 매출액에서 매출원가가 차지하는 비율이 어떠하냐에 따라 매출총이익의 크기가 결정되기 때문이다. 반면 영업이익은 기업의 본원적 영업활동 즉 제조 및 판매활동의 결과물로 해석할 수 있다. 그리고 손익계산서상의 당기순이익은 기업의 본원적 영업활동의 결과인 영업이익에 금융 등 재무와 투자활동의 결과물을 추가한 경영전체의 성과를 나타내는 수치이다.

삼성전자의 경우 2010년 13조 원대 회계이익(당기순이익)이 2011년 10조 원대로 감소하였다가 2012년 17조 원대로 급증하는 경향을 보이고 있다. 영업이익 역시 당기순이익과 유사한 형태의 추이선을 보이고 있으나 증가폭이 당기순이익보다 크게 나타나고 있다. 2011년에 비해 2012년 영업활동이 완전회복국면을 보이고 있다는 뜻으로 해석할 수 있다.

반면 현대자동차는 2010년 3조 원대 당기순이익이 2011년 4조 원대로, 다시 2012년에는 5조 원대로 점진적으로 향상되는 모습을 보이고 있다. 그러나 현대자동차의 영업이익은 2010년 3조 원대에서 2011년 4조 6800억 원대로 향상되었다가 2012년 4조 2900억 원대로 하향

1-2. 손익계산서(전전기업)

(단위: 원)

구분	삼성전자			현대자동차			쎄트레이아		
	2010년	2011년	2012년	2010년	2011년	2012년	2010년	2011년	2012년
수익(매출액)	112조2495억	120조8160억	141조2064억	36조7611억	42조7741억	43조1624억	221억	286억	361억
매출원가	77조9807억	90조4062억	99조4320억	27조7678억	31조9456억	32조8101억	178억	233억	292억
매출총이익	34조2688억	30조4098억	41조7744억	8조9933억	10조8285억	10조3523억	43억	53억	69억
판매비와관리비	21조8912억	20조6517억	23조2640억	5조5930억	6조1441억	6조0551억	25억	23억	22억
영업이익	12조3776억	9조7581억	18조5104억	3조4003억	4조6844억	4조2972억	18억	30억	47억
기타수익	3조3176억	3조1605억	2조8601억	6290억	7560억	8041억	4억	14억	6억
기타비용	7370억	1조1917억	6210억	5402억	4765억	4632억	5억	5억	9억
금융수익	4조4560억	4조0030억	3조2040억	1조1487억	1조2673억	1조9794억	2억	2억	2억
금융비용	4조3508억	4조2116억	3조2057억	4475억	3623억	2391억		0.1억	0.3억
법인세차감전순이익	15조0634억	11조5183억	20조7479억	4조1903억	5조8689억	6조3784억	19억	41억	46억
법인세비용	1조8011억	1조4701억	3조3493억	7141억	1조1281억	1조1050억	2억	-2억	-2억
당기순이익	13조2623억	10조0482억	17조3985억	3조4762억	4조7408억	5조2734억	17억	43억	48억

국면을 맞고 있다.

강소기업인 쎄트렉아이의 손익계산서를 살펴보면 또 다른 양상을 보인다. 2010년 보고이익(당기순이익)이 17억 원에서 2011년 43억 원으로 급상승하였으며 2012년도 48억 원으로 지속적 증가추세를 유지하고 있다. 영업이익 역시 2010년 18억 원에서 2011년 30억 원, 2012년 47억 원으로 엄청난 성장속도를 보여주고 있다. 최근 3개년도의 자료만으로 해석하자면 강소기업 쎄트렉아이는 매우 경쟁력 있는 기업으로 투자가치가 충분한 회사이다.

삼성전자와 현대자동차는 유사한 업종이 아니다. 따라서 영업활동과 관련된 거시경제적 환경요인이 다를 수 있다. 2011년의 경우 삼성전자는 전반적으로 감소 추세를 보인 반면 현대자동차는 오히려 2011년이 가장 양호한 경영성과를 보여주고 있다. 개별 기업의 경영분석은 산업의 특성이나 환경적 요인도 분석에 포함시켜야 보다 정밀한 재무분석이 이루어질 수 있다.

동종업종은 동일한 시장을 두고 경쟁하기 때문에 업종에 의한 호·불황도 같이 겪게 된다. 산업 전체적으로 불황기일 때 개별기업의 경영성과 하락 폭이 산업평균보다 양호한 경우 이는 특정 개별기업의 경영성과를 보다 우량하게 판단해야 한다. 즉 상대적 평가에 의한 분석도 시도되어야 기업에 대한 경쟁력이나 영업성과를 정확히 진단할 수 있다.

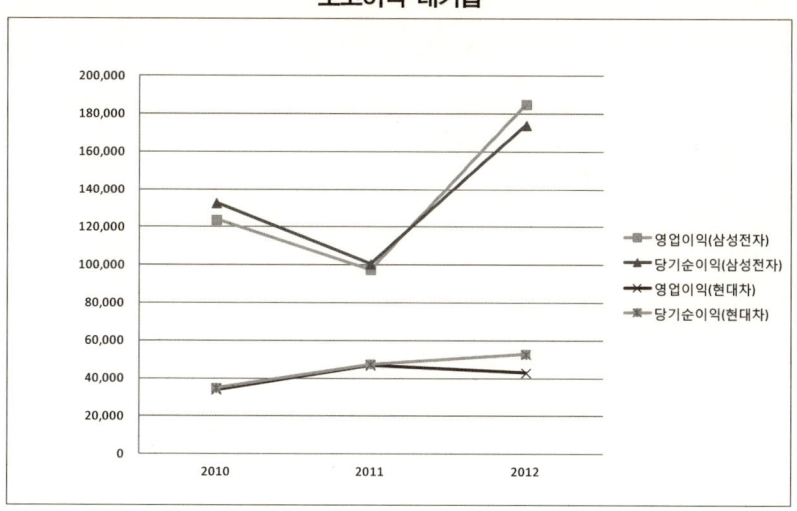

보고이익-대기업

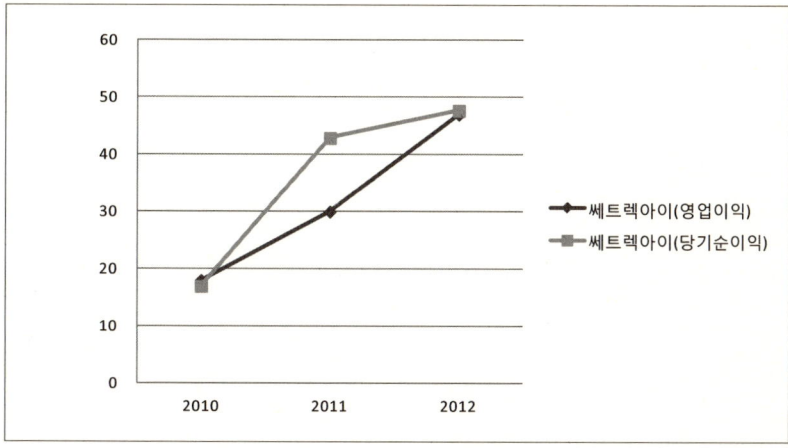

보고이익-강소기업

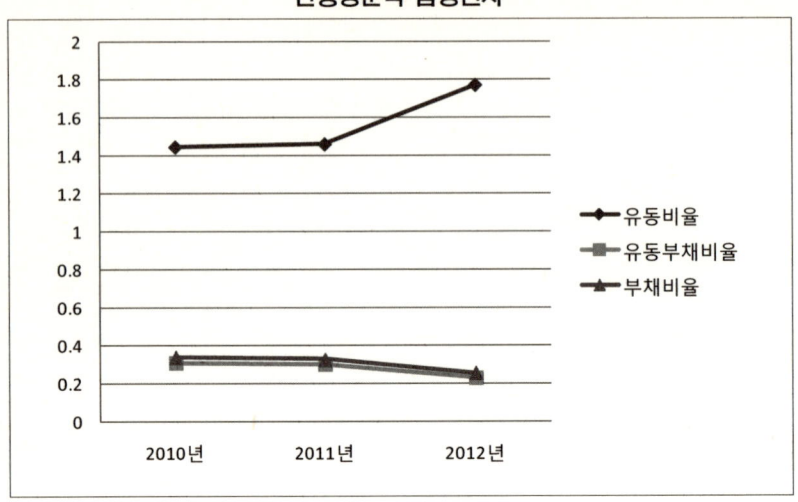

안정성분석-삼성전자

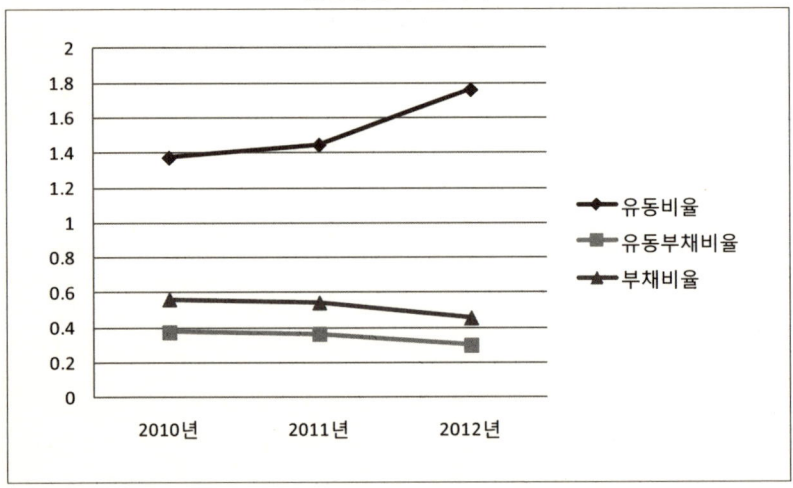

안정성분석-현대차

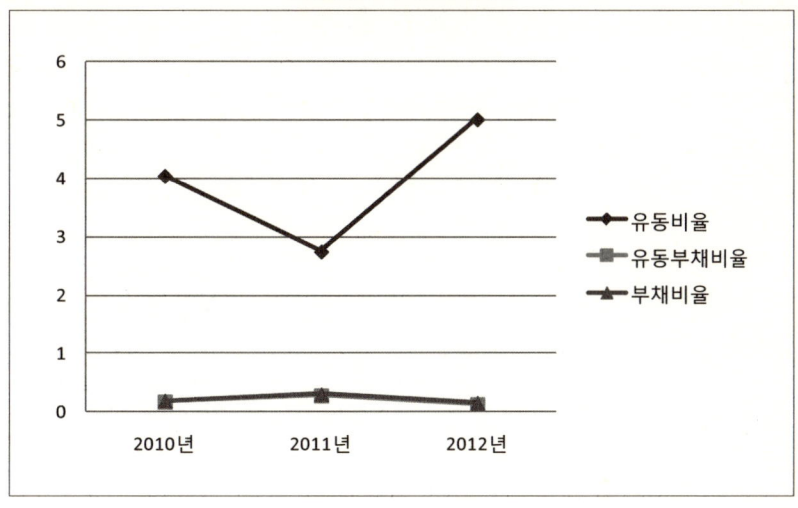

안정성분석-쎄트렉아이

1-3. 재무비율분석

  기업의 외형(규모나 명성)이 언제나 기업의 내재가치와 일치하지는 않는다. 내실이 튼튼한 기업이 미래가치가 큰 기업이다. 재무상태표와 손익계산서를 이용하여 간단히 재무비율분석을 실시할 수 있다.

  재무적 건전성 측면에서는 안정적이나 일시적인 현금부족 등 유동성에 문제가 생겨서 도산하는 경우도 존재한다. 대표적으로 흑자도산의 경우이다. 영업실적은 우수하여 재무제표상으로는 이익을 보이고 있음에도 불구하고 외상거래대금을 지불할 현금이 부족하여 도산하는 경우이다. 따라서 기업의 재무제표를 확인할 때는 다양한 측면에서 재무정보를 살펴봐야 한다. 기업의 유동성(현금과부족 등) 측면

1-3. 재무비율분석(건전기업)

구분	삼성전자			현대자동차			세트레이어		
	2010년	2011년	2012년	2010년	2011년	2012년	2010년	2011년	2012년
유동성									
유동비율	1.45	1.46	1.77	1.38	1.45	1.76	4.05	2.75	5.02
안전성									
유동부채비율	0.31	0.30	0.23	0.38	0.37	0.30	0.18	0.28	0.14
부채비율	0.34	0.33	0.26	0.56	0.54	0.46	0.20	0.31	0.16
수익성									
매출총이익율	0.31	0.25	0.30	0.24	0.25	0.24	0.19	0.19	0.19
ROA(총자산이익율)	0.12	0.09	0.13	0.08	0.09	0.10	0.04	0.09	0.10
ROE(자기자본이익율)	0.17	0.11	0.16	0.12	0.15	0.14	0.05	0.12	0.12
활동성									
총자산회전율	1.05	1.03	1.06	0.83	0.85	0.80	0.56	0.59	0.76
총자산증가율	N/A	0.10	0.13	N/A	0.13	0.07	N/A	0.22	-0.02
순이익증가율	N/A	-0.24	0.73	N/A	0.36	0.11	N/A	1.52	0.11

* 유동비율 = $\dfrac{유동자산}{유동부채}$, 유동부채비율 = $\dfrac{유동자산}{자기자본}$, 부채비율 = $\dfrac{총부채}{자기자본}$, 매출총이익율 = $\dfrac{매출총이익}{매출액}$,

ROA(총자산이익율) = $\dfrac{당기순이익}{총자산}$, ROE(자기자본이익율) = $\dfrac{당기순이익}{자기자본}$, 총자산회전율 = $\dfrac{매출액}{총자산}$,

총자산증가율 = $\dfrac{기말자산-기초자산}{기초자산}$, 순이익증가율 = $\dfrac{당기순이익-전기순이익}{전기순이익}$ 을 뜻한다.

* N/A는 계산할 수 없음을 의미한다.

을 보고자 할 경우 유동비율을 산출하여 분석할 수 있다. 유동비율이란 $\frac{유동자산}{유동부채}$ 을 말한다. 회계에서 유동이란 1년을 기준으로 산정한다. 즉 1년 안에 현금성 자산으로 회수가능한 것이 유동자산이고, 1년 안에 탕감해야 할 부채가 유동부채이다. 유동비율이 1보다 크다는 것은 1년, 즉 단기성 부채를 갚을 여력이 충분하다는 뜻이므로 단기적으로 유동성에 문제가 생겨서 도산할 가능성은 적다는 것을 의미한다.

이와 유사한 것으로 유동부채비율이 존재한다. 유동부채배율이란 $\frac{유동부채}{자기자본}$ 로 단기성 부채를 자기자본으로 감당할 능력이 있는지를 보여준다. 이 비율은 1보다 작으면 자기자본으로 유동부채를 갚기에 충분함을 의미한다.

보다 장기적으로 기업의 안정성 여부를 살펴볼 수 있는 지표가 부채비율이다. 부채비율은 $\frac{총부채}{자기자본}$ 혹은 $\frac{타인자본}{자기자본}$ 을 뜻하며 기업의 모든 부채를 자기자본으로 갚을 능력이 있는지를 보여준다. 부채비율이 상대적으로 높다는 것은 그만큼 도산의 위험이 크다는 것을 의미한다.

삼성전자와 현대자동차는 우리나라를 대표하는 기업의 명성에 걸맞게 재무적 안정성에 있어서도 그 비율이 양호하다. 또한 두 기업은 최근 3년 동안 유사한 비율변화를 보여주고 있다.

강소기업인 쎄트렉아이 역시 대단히 안정적인 재무건전도를 보이고 있다. 쎄트렉아이의 경우 2011년도에 안정성 비율이 감소하는 경향을 보이긴 하였으나 그 값이 월등히 우수하다. 두 대기업 삼성전자와 현대자동차의 유동비율과는 거의 2배에 가까운 수치를 보이고 있으며, 그 외 부채비율이나 유동부채비율에 있어서도 쎄트렉아이가 훨씬 낮은 부채비율을 나타내고 있어 재무적 건전성이 더 안정적임을 시사한다.

기업이 영업활동을 통해 꾸준히 수익을 창출해낼 능력이 있는지를 판단하는 지표가 수익성분석이다. 수익성을 분석하는 것도 여러 측면에서 살펴볼 수 있다. 매출총이익의 비율이 높은 기업은 매출액에서 매출원가가 차지하는 비율이 상대적으로 작기 때문에 효율적인 제품 원가관리가 이루어지고 있다고 볼 수 있다. ROA(투자수익률)는 투하되는 총자산 대비 이익이 차지하는 비율을 의미하므로 기업이 투하하는 총자원의 효율성이 얼마나 되는가를 나타내는 지표로 사용된다. ROE(자기자본이익률)는 투하자원을 자기자본으로만 산출하는 방식이다. 즉 타인자본(부채)을 조달하여 투자수익률을 계산하는 것이 아니라 순수자기자본에 의해 이익이 달성되는 비율을 측정한 지표가 ROE이다. 이는 자기자본의 효율적 관리를 알수 있게 한다. 이들 비율에 대한 기업별 수익성분석을 살펴보면 다음과 같다.

삼성전자의 경우 2011년 수익성 비율이 감소하는 경향을 보이긴 했어도 전반적으로 양호한 이익창출능력을 보여주고 있다. 매출총이익률의 경우 2010년과 2012년은 30%대를 나타내고 있으며, 총자산이익률(ROA) 역시 동기간 10% 초반대를 유지하고 있어 자원의 효율성이 좋다. 최근 시중은행 금리가 4~5%대임을 감안하면 삼성전자의 수익률 12%(2010년), 13%(2012년)는 얼마나 우수한 성적인지 짐작할

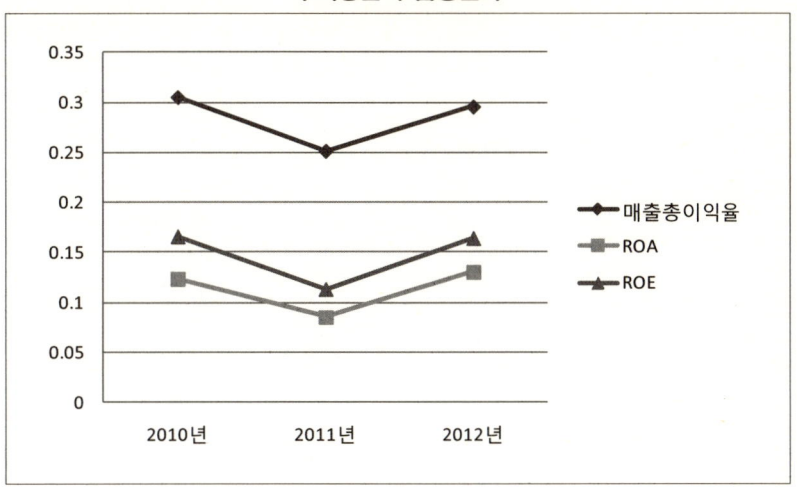

수익성분석-삼성전자

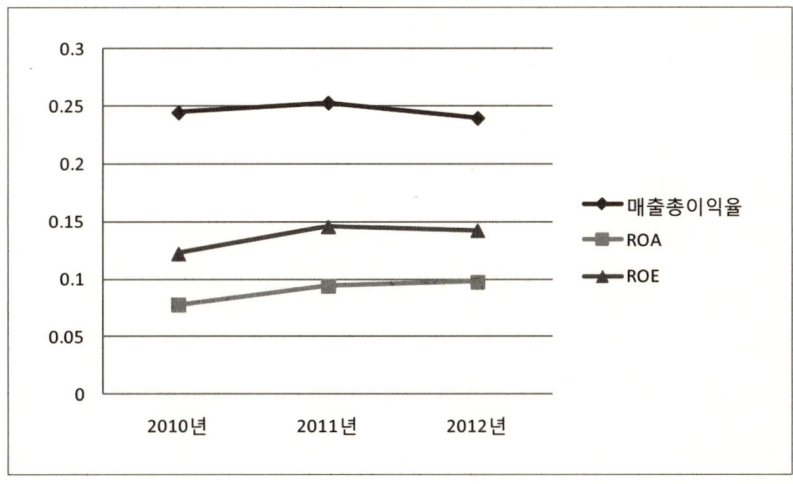

수익성분석-현대차

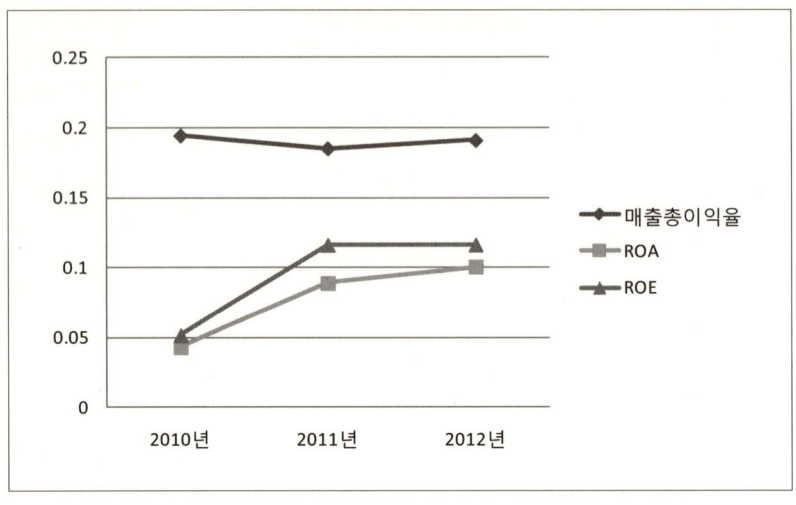

수익성분석-쎄트렉아이

0.25
0.2
0.15
0.1
0.05
0

2010년　　　2011년　　　2012년

매출총이익율
ROA
ROE

수 있다. 자기자본이익률(ROE) 역시 양호한 결과를 보이고 있다.

현대자동차 역시 수익성 측면에서 상대적으로 우수한 경영성과를 보여주고 있다. 매출총이익률은 25% 내외를 유지하고 있으며, ROA 역시 연도별 8%, 9%, 10%로 점진적으로 향상되는 추세를 보이고 있다.

두 기업 모두 우리나라 대표기업으로서 최근 3년(2010년~2012년) 동안의 경영실적이 우수하게 나타났다.

강소기업인 쎄트렉아이의 수익성을 분석해보면, 매출총익률은 연평균 약 19%대를 유지하고 있으며, ROA는 연도별 4%, 9%, 10%로 상승추세에 있다. ROE 역시 안정적인 수익률을 보여주고 있다.

2. 부실기업의 재무적 특징

이제 부실기업의 재무자료를 살펴보자. 이 책에서는 2013년 3월 기업개선작업(워크아웃, work-out)에 들어간 쌍용건설을 대기업군의 부실표본기업으로 선정하고, 2010년 최종부도 처리된 쌈지를 중소기업군에서 부실표본기업으로 선정하여 이들의 재무제표를 분석하였다.

2-1. 재무상태표

쌍용건설의 최근 3개년도 재무상태표를 살펴보면, 2010년 총자산에서 부채가 차지하는 비율이 70%를 넘고 있으며, 2011년 부채규모는 더욱 커지고 자본의 규모가 급감하더니 결국 2012년은 자본잠식 상태에 이르렀다. 즉 기업의 모든 자산을 다 모아도 부채를 탕감할 능력이 없다는 의미이다. 비록 기업규모는 1조를 상회하는 대기업에 속하더라도 속 빈 강정에 불과함을 나타낸다. 부채의 규모추이를 살펴보면, 2010년 1조 1775억 원에서 2011년 1조 3380억 원으로, 그리고 2012년에는 1조 3578억 원인 증가추세에 있으며, 주목할 점은 총자산에서 부채가 차지하는 비중이 너무 크다는 점이다. 즉, $\frac{부채}{총자산}$ 가 72.5%→82.7%→112%로 나타났다.

쌈지는 2010년 최종 부도 처리되었기 때문에 입수 가능한 재무제표는 2008년까지뿐이다. 따라서 부도 직전 단계의 재무상태표를 분석할 수밖에 없다. 이를 살펴보면, 쌍용과 유사한 패턴을 발견할 수 있다. 즉, 총자산에서 부채가 차지하는 비중이 점점 커지고 자본의 규모

2-1. 재무상태표(부실기업)

구분	쌍용건설			섬지		
	2010년	2011년	2012년	2006년	2007년	2008년
자산	1조6243억원	1조6182억원	1조2124억원	1028억원	1029억원	799억원
유동자산	1조1208억원	1조0985억원	7617억원	700억원	633억원	507억원
비유동자산	5035억원	5197억원	4507억원	328억원	396억원	292억원
부채	1조1775억원	1조3380억원	1조3578억원	665억원	746억원	660억원
유동부채	8656억원	1조0153억원	1조2025억원	417억원	563억원	470억원
비유동부채	3119억원	3227억원	1553억원	248억원	183억원	190억원
자본	4468억원	2802억원	-1454억원	363억원	283억원	139억원
부채와자본합계	1조6243억원	1조6182억원	1조2124억원	1028억원	1029억원	799억원

가 현격하게 감소한다는 사실이다.

자본규모의 경우 2006년 363억 원에서 2007년 283억 원으로 감소하더니 다시 2008년 139억 원으로 줄어들었다. 총자산에서 부채가 차지하는 비율 역시 64.7%→72.5%→82.6%로 늘어나 자기자본으로는 부채를 갚을 여력이 전혀 없음을 보여주고 있다.

이러한 부실기업의 재무상태표는 건전기업의 재무상태표와는 분명한 차이점을 보이고 있음을 알 수 있다.

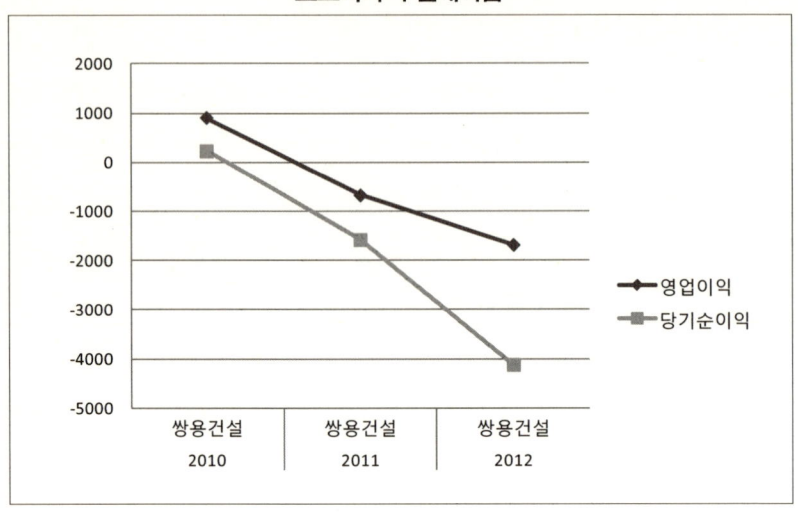

보고이익–부실대기업

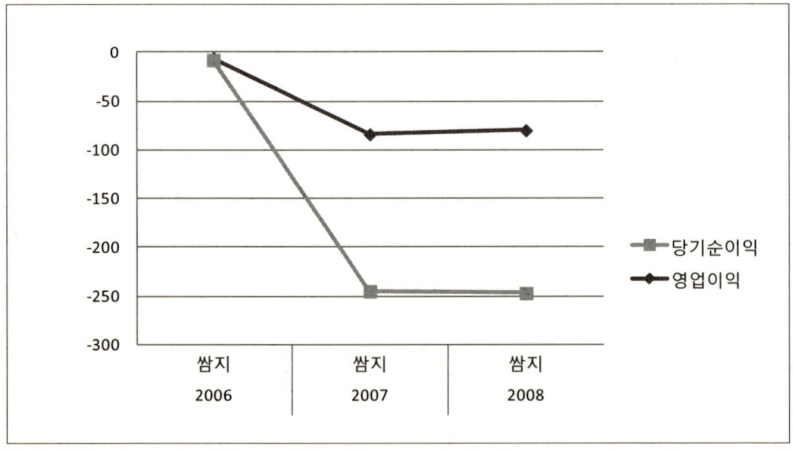

보고이익–부실중소기업

196

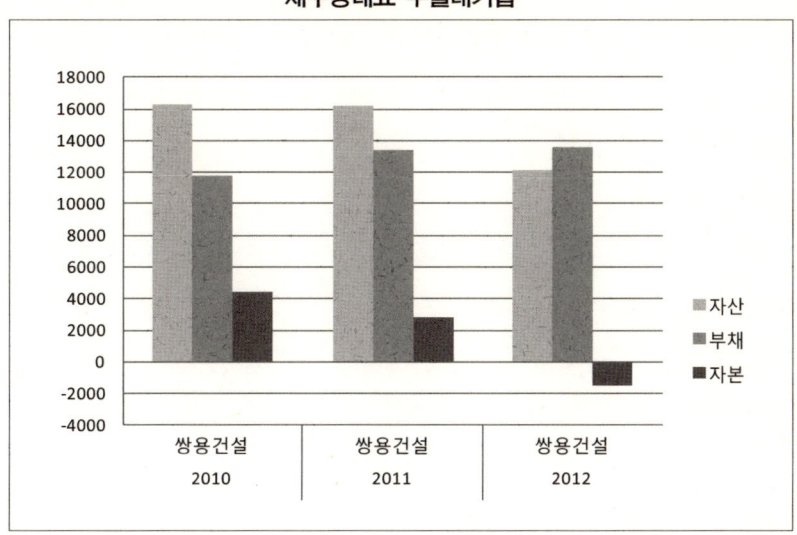

재무상태표-부실대기업

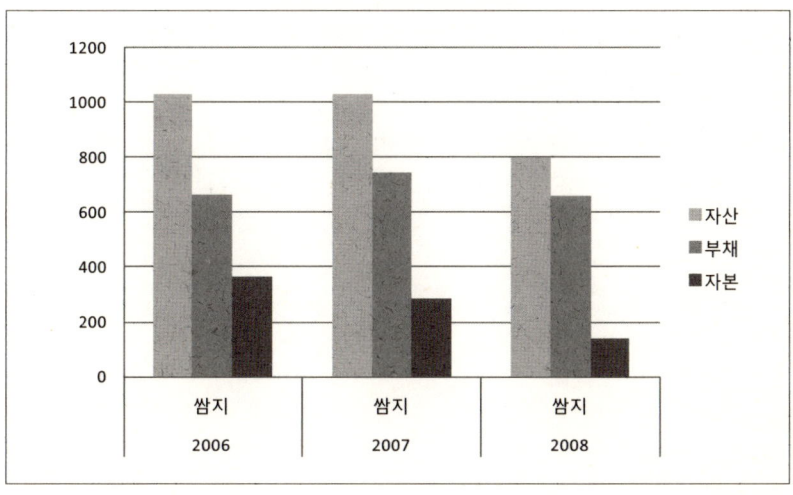

재무상태표-부실중소기업

2-2. 손익계산서

다음으로 부실기업의 경영성과를 살펴보자. 경영성과를 요약해서 보여주는 보고서는 손익계산서이다. 손익계산서 상의 여러 계층 이익(매출총이익, 영업이익, 당기순이익 등)은 각각 해당 계층에서의 기업 자원의 효율성을 나타낸다.

왼쪽 쌍용건설의 손익계산서를 살펴보면 2010년 235억 원의 당기순이익을 보고하였으나, 2011년 1570억 원의 당기순손실을 보였고, 2012년에는 4114억 원의 당기순손실을 나타냈다. 수익성이 지극히 악화되었음을 알 수 있다. 영업이익 역시 당기순이익과 유사한 추이를 보여준다. 즉 914억 원 이익→664억 원 손실→1672억 원 손실 추세를 보이고 있다.

쌈지는 더 심각하다. 2010년 2억 원의 당기순손실을 보고하였고, 2011년 161억 원의 당기순손실, 2012년 167억 원의 당기순손실을 나타냈다. 영업이익 역시 6억 원 손실→84억 원 손실→80억 원 손실로 손실의 변동폭이 심각함을 알 수 있다.

부도직전의 기업은 재무구조나 수익성 측면에서 건전기업과는 완전히 다른 신호를 보내고 있음을 다시 한 번 확인할 수 있다.

2-2. 손익계산서(부실기업)

구분	쌍용건설				쌍기*		
	2010년	2011년	2012년	2006년	2007년	2008년
수익(매출액)	2조1588억원	1조7336억원	1조6049억원	1256억원	1135억원	1009억원
매출원가	1조9667억원	1조5951억원	1조5965억원	562억원	563억원	531억원
매출총이익	1922억원	1386억원	84억원	694억원	572억원	478억원
판매비와관리비	1007억원	2049억원	1757억원	700억원	656억원	558억원
영업이익	914억원	-664억원	-1672억원	-6억원	-84억원	-80억원
기타수익	171억원	58억원	54억원	65억원	22억원	11억원
기타비용	453억원	1083억원	1886억원	44억원	64억원	98억원
금융수익	127억원	154억원	110억원			
금융비용	190억원	388억원	580억원			
법인세차감전순이익	569억원	-1923억원	-3975억원	15억원	-126억원	-167억원
법인세비용	334억원	-353억원	139억원	17억원	35억원	0
당기순이익	235억원	-1570억원	-4114억원	-2억원	-161억원	-167억원

* 쌍기의 손익계산서는 K-IFRS이전에 작성된 것으로 K-IFRS 양식으로 재정리하였다.

2-3. 재무비율분석

재무상태표와 손익계산서의 회계수치를 보고 기업의 부실유무를 짐작할 수 있겠지만 재무비율분석을 통해 보다 자세히 살펴보도록 한다.

재무적 건전성을 나타내는 지표 중 하나인 부채비율의 변화를 살펴보면, 쌍용건설의 경우 자본 대비 부채가 2010년 2.64로 이미 자본의 2배를 넘는 부채를 보유하고 있어 자본으로 부채를 해결하는 것이 불가능한 상황에 이르렀으며, 2011년은 자본 대비 5배에 달하는 부채를 가지고 있다. 2012년의 경우 자본이 잠식된 상황이라 음(-)의 비율을 보이고 있는 것으로 이미 기업의 모든 자산이 부채로 이루어져 있음을 의미한다.

쌈지의 경우도 별로 다르지 않다. 2006년에는 자본의 거의 2배에 육박하는 1.83배의 부채비율을 보이고 있으며, 2007년은 부채가 자본보다 2.64배 많은 상황이고, 2008년은 자본에 비해 거의 5배(4.75)에 달하는 부채를 가지고 있다.

기업의 재무구조에서 부채조달에 의한 자산증식이 일정부분 레버리지 효과를 가지는 것은 사실이나 이것이 어느 한계를 넘어버리면 결국 부실의 단초가 되기 쉽다. 기업의 규모를 가늠할 수 있는 총자산의 크기를 보는 것도 중요하지만, 총자산 중 타인자본인 부채와 자기자본인 자본의 상대적 규모에 대한 관찰도 매우 중요하다.

2-3. 재무비율분석(부실기업)

구분	쌍용건설			썸지		
	2010년	2011년	2012년	2006년	2007년	2008년
유동성						
유동비율	1.29	1.08	0.63	1.68	1.12	1.08
안전성						
유동부채비율	1.94	3.62	-8.27	1.15	1.99	3.38
부채비율	2.64	4.78	-9.34	1.83	2.64	4.75
수익성						
매출총이익율	0.089	0.08	0.005	0.553	0.504	0.474
ROA(총자산이익율)	0.014	-0.10	-0.339	-0.002	-0.156	-0.209
ROE(자기자본이익율)	0.053	-0.56	2.829	-0.006	-0.569	-1.201
활동성						
총자산회전율	1.33	1.07	1.32	1.22	1.10	1.26
총자산증가율	N/A	-0.0038	-0.2508	N/A	0.00097	-0.2235
순이익증가율	N/A	-7.6809	1.6204	N/A	79.5	0.0373

* 유동비율 = $\dfrac{유동자산}{유동부채}$, 유동부채비율 = $\dfrac{유동자산}{자기자본}$, 부채비율 = $\dfrac{총부채}{자기자본}$, 매출총이익율 = $\dfrac{매출총이익}{매출액}$,
ROA(총자산이익율) = $\dfrac{당기순이익}{총자산}$, ROE(자기자본이익율) = $\dfrac{당기순이익}{자기자본}$, 총자산회전율 = $\dfrac{매출액}{총자산}$,
총자산증가율 = $\dfrac{기말자산-기초자산}{기초자산}$, 순이익증가율 = $\dfrac{당기순이익-전기순이익}{전기순이익}$ 을 뜻한다.
* N/A는 계산할 수 없음을 의미한다.

쌍용건설-안정성분석

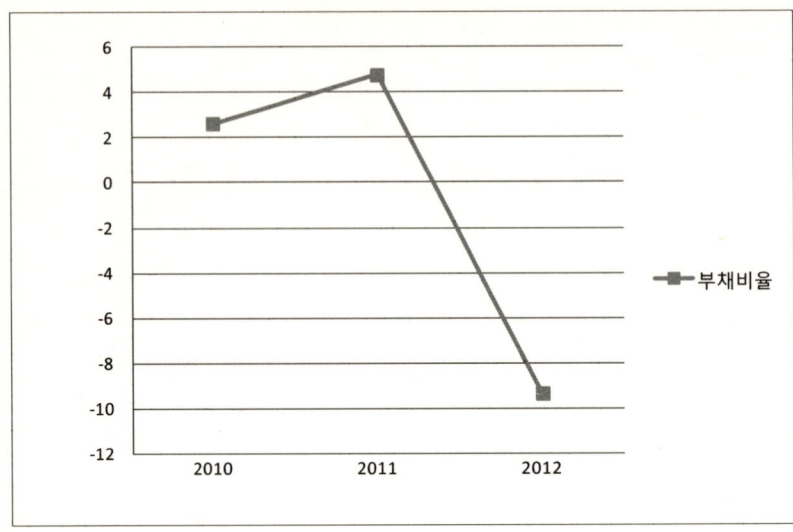

쌈지-안정성분석

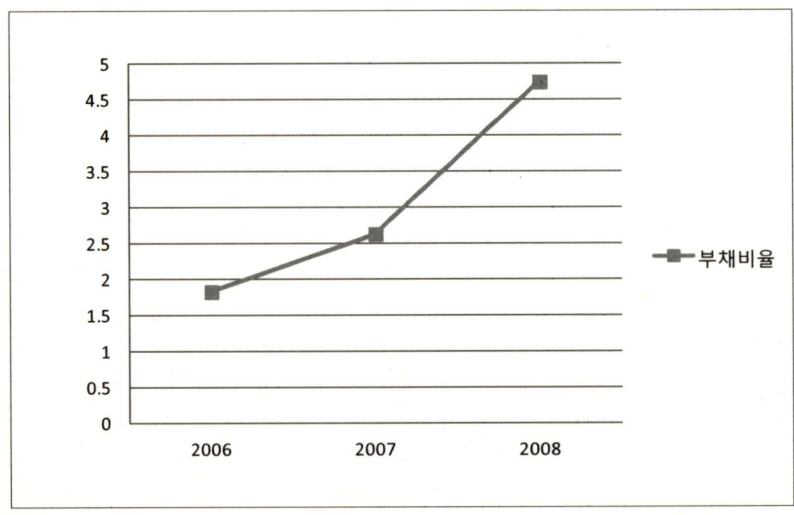

두 부실기업의 수익성분석 결과를 살펴보면 204쪽 그래프와 같다. 먼저 쌍용건설의 경우 매출총이익률이 8%에서 5%대로 점진적으로 하락하고 있다. 이는 매출액에서 매출원가가 차지하는 비율이 95%에 달하고 있음을 의미한다. 수익성이 호전될 기미가 거의 없는 셈이다. 총자산이익률인 ROA를 보면 2010년에 1.4%의 이익률을 보인 반면, 2011년부터는 손실(-10%)로 돌아섰으며, 2012년에는 손실 폭(약 -34%)이 더욱 커졌음을 알 수 있다. 자기자본이익률인 ROE의 경우도 ROA와 유사하나 2012년의 경우 자기자본 자체가 음(-)으로 나타났기 때문에 손실금액(-)과의 비율이 2.829로 양(+)으로 나타나 우수한 것처럼 보이나, 이는 계산상의 결과이지 수익성이 양호해서 나타난 결과가 아니므로 해석에 주의가 필요하다.[37]

---

37) 쌍용건설-수익성분석 도표에서는 비율의 기계적 해석을 방지하기 위하여 ROE에 대한 비율을 제외하였다. 즉 분모와 분자의 부호가 모두 음(-)이라 단순 계산상 양(+)의 값을 가진 것이지 재무분석상 수익성이 양호한 것은 아니기 때문이다.

쌍용건설-수익성분석

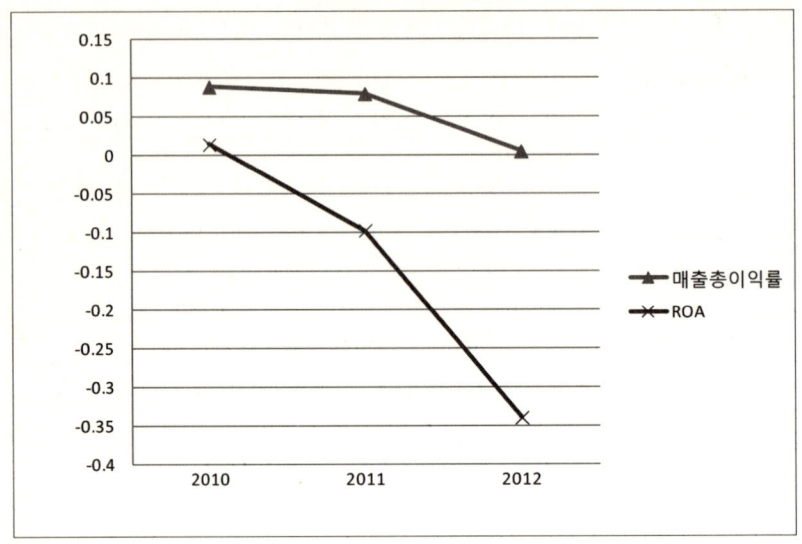

쌈지-수익성분석

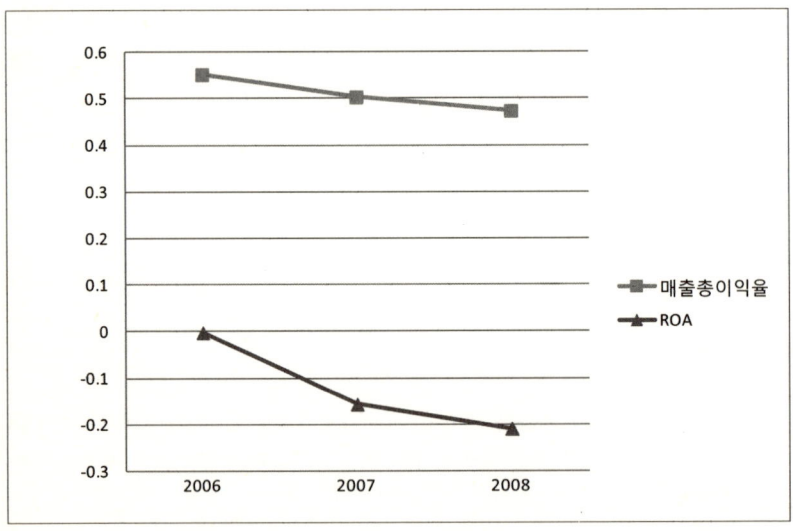

쌈지의 경우 매출총이익률은 양호한 결과를 보이고 있다. 즉 2006년 55.3%의 매출총이익률을 보이고 있고, 2007년은 50.4%, 2008년은 47.7%의 매출총이익률을 보이고 있어 매출액 대비 매출원가가 절반에 해당함을 알 수 있다. 그럼에도 불구하고 영업손실이나 당기순손실을 보고하고 있다는 것은 쌈지의 경우 제조 부문, 즉 제품의 경쟁력이 부족하여 기업 부실에 이르렀다기보다는 무리한 사업확장으로 인한 자원의 비효율적 소비, 그리고 부채와 자본관리가 잘못되어 부실해진 것으로 판단된다. ROA는 분석기간에 걸쳐 음(-)의 수익률을 보이고 있다.

생긴 것은 결코 제약조건이 아니다. 생김새나 타고난 체형과 체질에 상관없이 웃을 수 있다. 웃음은 눈이 크고 쌍꺼풀이 있는 사람만이 가질 수 있는 특권이 아니다. 키가 크고 날씬한 사람만 웃을 수 있는 것도 아니다. 누구든지 웃을 수 있다. 현재의 상황이 유쾌하고 기쁘기만 하다면 말이다.

기업도 마찬가지이다. 특정 산업에 속해야만 경영성과가 좋은 것은 아니다. 일정 규모 이상의 자산을 보유해야만 이익이 창출되는 것도 아니다. 얼마나 내실을 다졌는가, 얼마만큼 경쟁력을 키웠는가가 기업의 미래가치를 높이는 원동력이 되는 것이다.

회계가 오랜 세월 경제활동의 근간을 차지하게 된 데에는 그 나름의 편리성이 존재하기 때문이다. 비록 모든 기업가치의 구성요소를 고스란히 담아내지는 못하지만, 함축적이며 압축적 요약정보는 여전히 전달하고 있다.

회계의 원리나 원가개념을 공부하면서 단순히 회계적 지식을 축적하는 것이 아닌 인간 본연의 삶에 대해서도 많은 깨달음이 있었다.

예를 들어, 자산은 차변이 자기 자리이다. 따라서 자산요소가 차변에 있다는 것은 해당 금액만큼 자산이 증가한다는 것을 의미한다. 반면 자산이 반대 자리인 대변에 있다면 해당 금액만큼 자산이 감소했음을 의미한다. 자산은 차변에 있을 때 자산가치를 증대시킨다. 사람도 자기 자리에 있어 그 역할을 충실히 할 때 자신의 가치가 돋보이고 높아지지 않을까?

모든 것에는 자기 자리가 있다. 자기 자리에 있으면 가치가 증가하나, 자기 자리가 아닌 곳에 있으면 가치가 감소된다. 자신의 가치를 높이려면 자기 자리에 있어야 한다.

나의 가치를 높이지 못하는 곳이라면 내 자리가 아닐 수도 있다. 과

감히 나의 자리를 찾아 길을 나서는 용기가 필요하다. 지금까지의 희생은 모두 매몰원가(sunk cost)에 지나지 않는다. 더 많은 기회비용(opportunity cost)을 지불하면서 계속 나의 가치를 잠식시키고 있지는 않는지 생각해보라.

진리는 시간과 공간을 관통하여 성립되는 것이다. 그 시대 그 공간에서만 성립되는 것은 진리가 아니다. 동물이 지나가는 자리에는 길이 생기지 않는다. 그러나 사람이 지나가면 길이 생긴다. 사람이 지나가는 그 길이 곧 역사가 된다. 내 삶이 곧 나의 역사이듯이…….

회계도 사회적 산물이다. 인간이 필요에 의해 만들고 다듬고 이어온 역사적 산물인 것이다. 우리 삶에 불필요하거나 무가치하다면 굳이 길을 만들어 살진 않았으리라.

회계라는 학문은 독야청청 소나무를 향하고 있지 않다. 오히려 매, 난, 국, 죽 사군자를 지향한다. 사군자는 모양도 제각각, 꽃피는 시기도 모두 다르지만 자신의 고유한 색과 향을 주위(온 세상)에 퍼뜨리면서도 주위와 조화롭게 살아가는 지혜가 있다. 다양성을 인정하고 자신의 색깔을 유지할 수 있으며, 개화시기의 빠르고 늦음에 다툼이 없다. 또한 주위 생명체의 성장을 방해하지 않는다.

그러나 소나무는 푸르디푸른 절개를 가지고 있는지는 모르나 군자는 아니다. 햇빛, 토양 속의 수분과 양분 모두를 흡수하는 속성을 갖고 있어 소나무 주위에는 그 어떤 나무라도 공생하기 어렵다.

회계는 인류가 가진 부족한 자원을 효율적으로 사용하기 위한 지혜의 산물이다. 그 자원이 사람이든, 자본이든, 시간이든 주어진 제약 조건하에서 가장 효율적이고 효과적으로 사용하기 위한 방편을 모색하는 과정에서 탄생된 것이다. 지금 현 상황에서 어떠한 선택을 하는 것이 가장 최선이 되겠는가를 고민하는 것이 회계학이다. 나의 자본과 타인의 자본을 어떻게 활용하면 더 나은 성과를 낳겠는가? 그리고 타인자본은 어떻게 돌려줄 것인가를 고민한다. 재무상태표의 대변이 부채와 자본으로 구성된다는 사실은 또 다른 깨달음을 준다.

$$자산 = 부채 + 자본$$

위의 등식에서 보듯 언제나 부채가 먼저 등장한다. 타인자본을 먼저 인식하자는 것이다. 내 주머니를 가득 채운 후 남는 게 있으면 돌려주겠다는 뜻이 아니지 않은가? 부채부터 해결하고 남는 것이 자본이다. 자산을 형성함에 있어서 결코 자본만으로 해결하려 고집을 부리지 않는다. 빌려올 수 있다면 머리 숙여 빌려와 더 가치 있게 사용하자는 것이다. 그렇다고 공짜로 빌려오겠다는 뜻이 아니지 않은가? 여러 이웃과 더불어 살아가는 지혜, 그리고 보다 생산성 있는 방향으로 성과를 만들려는 지혜, 그것이 회계의 존재가치라 생각한다.

참고문헌

강신주,『철학적 시 읽기의 즐거움』, 동녘, 2010.

이석준,『인센티브로 풀어보는 기업회계』, 삼성경제연구소, 2006.

이종태 · 최영문,『K-IFRS 회계원리』, 교육과학사, 2009.

정기숙 · 박해근 · 이중희,『회계사상과 회계기준의 발전』, 경문사, 2005.

정헌석,『재미있는 회계여행』, 김영사, 2006.

정혜영 · 김정교,『새로운 회계원리』, 산문출판, 2012.

금융감독원 전자공시시스템.(http://dart.fss.or.kr/)